은혜로교회
신옥주의 정체!

은혜로교회

Copyright ⓒ KEUN SAM 2016

1쇄발행_ 2016년 2월 20일
지 은 이_ 오명옥
펴 낸 이_ 오명옥
펴 낸 곳_ 큰샘출판사

출판등록_ 제2014 - 000051호(1995.3.10)
주　　소_ 서울시 영등포구 도신로 244
전　　화_ 02) 6225-7001~3
팩　　스_ 02) 6225-7009

ISBN _978-89-89659-36-5
정 가 _ 5,000원

이 책은 저작권법에 따라 보호받는 저작물이므로 저작권자와 출판사의 동의 없이
이 책의 전부 또는 일부 내용을 복제하거나 다른 용도로 사용할 수 없습니다.

이 도서의 국립중앙도서관 출판예정도서목록(CIP)은 서지정보유통지원시스템 홈페이지
(http://seoji.nl.go.kr)와 국가자료공동목록시스템(http://www.nl.go.kr/kolisnet)에서
이용하실 수 있습니다. (CIP제어번호: CIP2016003546)

이단집단현장취재

은혜로교회
신옥주의 정체!

오명옥 저(著)

큰샘출판
KEUN SAM PUBLICATIONS

목 차

<제1장>

장막성전 후예들, 신분세탁 후
기성교단서 계시록 강의, 총회장 노회장도 꿰차!

1. 장막성전 후예들, 교단장, 교육, 언론 분야 장악! ·11
2. 교주 유재열이 미국 가며, 예장 합동보수 측에 재산 위탁! ·13
3. 장막성전 출신들, 유재열의 안수받고 목사 – 한기총 소속! ·14
4. 비인가 신학원들, 허술한 신분세탁 과정에 적격! ·15
5. 박O한 목사 (언론사 설립), 장막성전 이탈자들 영입, 언론사 이사로 등용! ·20
6. 장막성전 후예들, 계시록 강의하며 활동! ·21
7. 장막성전 자금 유입된 합동보수 측 이수종 목사,
 "휴거" 책 썼다 회수하기도! ·22
8. 은혜로교회 신옥주와 스승 이수종 목사의 세대주의적 종말관 ·23
9. 신옥주 목사, 장막성전 이탈자 교단서 목사 안수받고,
 같은 교단서 활동! ·26
10. 신옥주 목사, 예수 따로! 그리스도 따로! – 기독론의 문제 ·27
11. 구약의 성령과 신약의 성령이 다르다? – 성령관의 문제 ·28
12. 신옥주의 설교가 성령의 음성이라? ·29
13. 신옥주 본인이 인봉된 성경을 열고 있다 주장! ·29

14. 구약 4천년 - 4일, 신약 2015년 - 3일째, 그래서 지금은 7일째다! · 30
15. 예수는 인성, 그리스도는 신성! · 31

16. 은혜로교회 신도들이 진정한 하나님의 아들들? · 31
17. 신옥주 - 영혼 선재설 주장! · 31
18. 환란과 기근을 대비하는 곳이 '피지'(오세아니아에 있는 작은 섬나라)다! · 32
19. 은혜로교회 신도들 증언 - 공개 죄 자백하고 뺨 맞고, 머리 깎아! · 33
20. 장막성전 오평호, 신옥주는 내 제자였다!
－은혜로교회 신옥주, 장막성전 분파로 봐야! · 33

목 차

<제2장>

은혜로교회 신옥주,
피지왕국 건설에 풍수지리 무속인 이용!

1. 은혜로교회 신옥주의 실체, 무속인에 의존한 그녀! · 37
2. 기자, 신옥주 여사로 인하여 포항 무속인까지 만나! · 39
3. 신옥주 측, 2014년 5월, 무속인 불러 피지 땅 풍수지리 봤다! · 40
4. 무속인 김씨, 은혜로교회 피지 땅에서 왕이 나올 것! · 41
5. 은혜로교회 신옥주의 핵심 이단사상 주장들 · 45

6. 신옥주, 환란(종말) 대비처로 도망 가야 된다! - 종말 마케팅! · 46
7. 기성교회와 신도들 사이 이간질, 반(反)교회 감정 부추겨! · 46
8. 신 씨, 예수는 가장 첫째 피조물이다! · 48
9. 신옥주, 내가 인치는 자이다! · 50
10. 예수나 우리나 모두 하나님의 영을 받은 자들이다! · 50

11. 측량 거친 자들이 144,000, 천년왕국에 들어간다.
    신옥주, 내가 측량하는 자이다! · 51
12. 신옥주, 내가 진리의 성령 받게 한다! · 52
13. 신옥주 - 낙원, 천국, 천년왕국 정확한 의미 몰라! · 52
14. 영혼 선재설 주장! · 53
15. 신옥주, 성경은 방언이다. 통역을 해야 알 수 있다. 내가 통역자다! · 53

16. 신옥주의 제멋대로 성경해석의 예 · 54
17. 성경에 내(신옥주)가 천사로 예언돼 있다! · 55
18. 신도들, 마귀집단(기성교회)에서 나와 육체영생 얻으라!? · 56
19. 학교 휴학한 고3 학생, 타작 받지 않은 것 회개? · 58
20. 신옥주, 아들 예수 그리스도와 우리의 육체가 하나가 되는 때가 천년왕국이다! · 60

21. 종말 공포 조장, 신도 200여명 피지행! 가정파탄 심각! · 61
22. 신옥주, 피지에서 신천신지 건축된다 주장! · 63
23. 피지에서, 결혼하고 애 낳을 때 아니다, 일 할 때다! · 64
24. 신옥주, 피지서 성욕 문제 놓고 설교 – 집 다 지을 때까지 그것 못 참나! · 65
25. 북한의 5호 담당제처럼 서로 감시, 신도 세워 놓고 공개 비판! · 67

26. 은혜로교회 신도들, 의심하거나 이탈하려는 신도들 납치까지! · 69
27. 결국, 신옥주 왕국건설 목적인가? · 71
28. 은혜로교회 피해자들의 증언! · 73
29. 마무리 하면서 – 신옥주 신격화에 발묶인 피지 신도들, 속히 구출돼야! · 85

제1장

장막성전 후예들, 신분세탁 후 기성교단서 계시록 강의, 총회장 노회장도 꿰차!

1. 장막성전 후예들, 교단장, 교육, 언론 분야 장악!

한때 제2의 신앙촌이라 불리우며 말세 심판의 피난처라고 전국에서 몰려든 신도들로 집단 취락을 형성하며 초만원을 이루었던 '대한 기독교 장막성전'(교주 유재열)의 후예들이 기성교계에 잠식해 들어와 교단과의 암약관계를 형성해 활동해오고 있다.

이들은 각 교단 편목과정, 그것도 1박 2일, 또는 2박 3일의 수련회 만으로 이수하여 신분 세탁 후, 현재까지 총회장, 노회장, 언론사 이사... 그리고 각 지역 기독교연합회 활동을 해왔다.

이단집단 이탈자들이 재신학과 재안수 과정을 제대로 거치지 않고 들어와 기성교회 화 되어 있으며, 무엇보다 교육 분야와 언론 분야에까지 활발한 활동을 해오고 있었다.

이단 '신천지'를 파생시킨 장막성전은 당시 일곱 천사, 25장로, 48집사, 72문도 등 각급 조직을 두고 수천 명의 신도들이 있었다.

1964년, 서울 영등포구 상도동 사자암이라는 절 아래 김종규[1]가 이끌던 호생 기도원이 있었는데, 여기에 유재열과 그의 아버지 유인구, 어머니 신종순이 열성 신도로 다녔다. 1965년경, 김종규가 당시 약 60여명의 여신도들을 간음한 사건으로 인하여 결국 유재열을 위시한 김창도 등 20여명이 이탈한다.

1966년, 두루마리를 먹는 환상 체험을 했다는 유재열이 27명의 신도들과 함께 경기도 과천 청계산 계곡 속에서 증거장막을 짓고 6개월간 기도생활을 하면서 장막성전이 공식적으로 시작되었다.

장막성전에서는 기성교회는 영의 구원만 부르짖는데, 이곳에서는 영육의 구원이 있다며 가르쳤다.

슥 4:10, "작은 일의 날이라고 멸시하는 자가 누구냐 이 일곱은 온 세상에 두루 행하는 여호와의 눈이라 다림줄이 스룹바벨의 손에 있음을 보고 기뻐하리

---
1) 김종규는 신도들로부터 '주님' 또는 '아버님'으로 불리웠다.

▲ ①

▲ ②

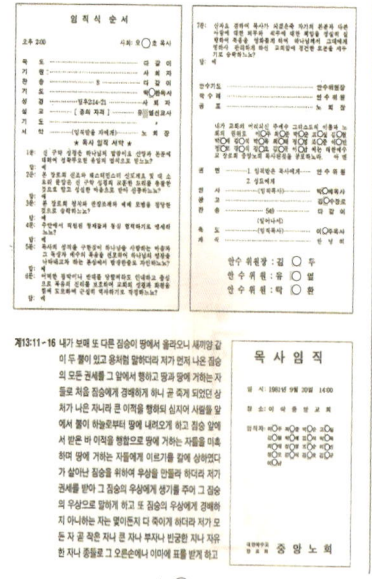
▲ ③

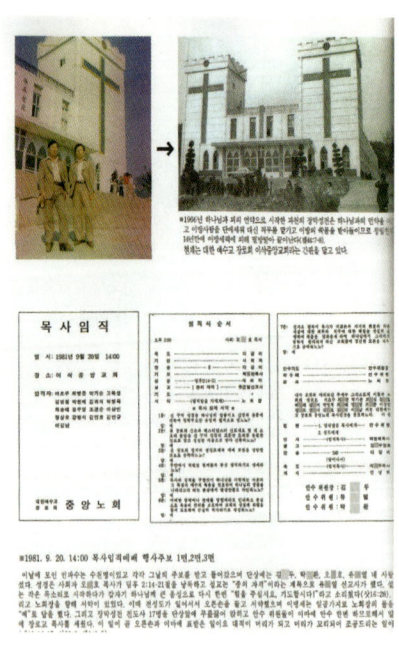
▲ ④

① 신천지 자료, 종교계의 관심사 ② 신천지 발전사 ③ 장막성전 목사 임직 순서지 ④ 임직식(유재열 안수) 주보

라"고 했는데 7목자 중 작은 책을 받을 자는 선지자인 교주 유재열이라고 한다. 또 순금 등대의 비밀의 주인공이 스룹바벨(슥 4:2~3)이며 스룹바벨은 하나님이 택하신 심판 날의 대변자이며, 계 7:1의 인치신 자가 바로 어린 종 유재열이라는 것이다.

2. 교주 유재열이 미국 가며, 예장 합동보수 측에 재산 위탁!

경북 청도 출신 이만희 씨도 장막성전에 들어가 재산을 모두 바치고 사기를 당했다면서 이탈하였으며, 1971년 9월 7일에는 이만희 씨 등에 의해 40여개 항목으로 고소를 당한 유 교주와 김창도(영명, 미카엘천사)는 법정에 서기까지 했다.

장막성전은 1970년대 5천여 명으로 늘어날 정도로 교세 확장에 가속도가 붙었으나, 유 씨가 사기 사건에 연루되자, 1980년 10월, 장막성전의 재산을 대한예수교장로회 합동보수(은혜로교회 신옥주 스승, 이수종 목사 소속) 측에 헌납, 운영을 위임했고, 자신은 미국으로 유학길에 올랐다.

기성교회인 합동보수 측에 장막성전을 위임한 것에 반발한 홍종효와 신종환은 1980년 경기도 안양시 비산동에 신천지 안양교회를 세웠다. 그러나 유재열 파는, 교주 유재열이 떠나자 그가 이끌던 교회를 대한기독교장로회 이삭중앙교회로 개명했다. 장막성전을 기성교회화하기 위한 작업이 시작된 것이다. 이것이 오평호를 중심으로 이루어졌다.

전 지부를 13개 노회, 60여 개 교회로 정리했다. 교단 명도 대한예수교장로회 총회 본부로 정했다. 유 씨를 보혜사로 철석같이 믿고 따르던 신도들은 하루 아침에 기성교회화 하게 되자 반발도 있었다. 그러나 유 씨의 교리는 사라지지 않았다.

▲ 오평호의 문제의 책들

제1장 장막성전 후예들...

이 과정에서 오늘날 자칭 장막성전의 후신(後身)이라고 하는 이단 교주들이 대거 파생하게 된다.

오평호는 1981년 9월 20일에는 17명의 목사를 교단 자체적으로 배출하는 등 안정된 행보를 보였다.

3. 장막성전 출신들, 유재열의 안수받고 목사 - 한기총 소속!

1980년, 미국 유학을 갔다던 유재열이 1981년 9월 입국하여, 목사 임직예배 때

1981년 유재열에게 안수받은 목사 명단				이후 기성교단서 활동 (예장 개혁총연 동북아대회, 한기총 소속)
1. 이초O	2. 최병O	3. 박기O	4. 고복O	12번, 이상O 목사 - 2009년 예장 개혁총연 대회장(총회장) 역임, 크리스챤연합신문사 이사
5. 김영O	6. 박현O	7. 김귀O	8. 박영O	1번, 이초O 목사 - 동북노회 증경노회장 및 감사 역임, 크리스챤연합신문사 운영이사
9. 최승O	10. 정우O	11. 조경O	12. 이상O	7번, 김귀O 목사 - 교단 감사 역임
13. 정상O	14. 강병O	15. 김민O	16. 김인O	9번, 최승O 목사 - 교단 감사 역임
17. 이길O				
이들을 "대한예수교장로회 중앙노회 목사 된 것을 공포하노라" 면서 안수				*오평O 목사 - 연세대학교연합신학대학원 강사 *대한예수교장로회 총회 (개혁총연) - 한기총 소속교단, 한기총 회장 배출

"유재열에게 안수받아 목사 된 사람들이, 기성교회서 총회장, 노회장, 신문사 이사, 이단연구, 각 교단 임원 및 각 지역 기독교연합회 활동을 활발하게 하고 있으며, 신학원을 운영하며 후학을 양성하고 있다. 그리고 한기총 소속 교단이다."

▲ 유재열에게 안수받은 목사 명단

선교사 직함으로 설교를 했고, 안수위원으로 17명에게 목사 안수를 주었다. 오 목사의 개혁 작업이 한창 진행 중인 그때에 유 씨가 공식 행사에 나타났다는 것은 오 목사의 개혁 작업이 처음부터 둘 사이의 교감 속에서 나온 작품이라는 것을 추측할 수 있다. 바로 장막성전의 연장선상에 있다는 것이다.

당시까지 신도들은 유재열 씨를 "하나님께로 인도하는 어린 양"이라고 믿고 있었으며, 유 씨가 교회 창립 기념일(3월 14일), 신학교 졸업식 등 교회의 큰 행사가 있을 때 방문했다고 했다.

4. 비인가 신학원들, 허술한 신분세탁 과정에 적격!

장막성전 후예들이 소속되어 있는 대한예수교장로회 개혁총연 총회는 2002년 13개 군소 교단이 대회제 형식으로 연합한 교단이다. 당시 박O한 (본명, 박O석) 목사는 동북아대회를 맡고 있었고, 2007년에는 총회장이었다. 이단 집단 이탈자들이 기성 교단에 안착할 수 있도록 도와주었다 해도 과언이 아닌 사람이 바로 박O한 목사이다.

박O한 목사(개혁총연 총회장 역임)는 해외합동총회의 서북노회장으로 있었던 2012년, 현재 이단교리 문제로 교계에 물의를 일으키고 있는 은혜로교회 신옥주 목사를 서북노회 부노회장으로 영입하였고, 2014년에 탈퇴하였는데, 2015년에 다시 박O한 목사가 설립한 합동총신 교단으로 다시 영입하였다. 합동총신이 신옥주 목사를 영입하면서 기자회견을 할 때에 크리스천투데이는 "이 자리에는 한교연 바수위원장이

▲ 대한예수교장로회 합동총신총회 회의록

▼ 축복교회 입당 감사 예배(원 좌우, 박O한 목사와 신옥주)

▲ 예장 총회 보고서

제6장 학사규정

제24조 (신앙 인격 훈련 세미나 개설 및 의무참석 규정)

제25조 (편목연수과정 개설 및 의무 참석 규정)

본회에 이명 온 타 교단 교역자는 본회직영 계절학기(2박 3일간) 2학기 이상 수료증과 신앙 인격 훈련 세미나 (1박 2일) 1회 이상의 수료증을 각 노회에 제출하여야 본 회의 정회원으로 활동할 수 있다. 정회원이 되지 않으면 총대 자격이 없으며 선거권 피선거권이 없다.

▲ 예장 개혁 총연 정관

자 합동총신과 뿌리를 같이 하는 해외합동총회 소속 박O한 목사도 참여했다"라는 기사를 썼다.

더욱이 합동총신과 해외합동총회의 관계를 잘 알고 있으며, 현재 합동총신 교단에 있는 어느 목사에게 질의한 바 "두 교단은 같은 교단이나 다름 없다"고 밝혔다. 특히 합동총신의 한 목사는 "해외합동총회의 박O한 목사는 합동총신의 교단 고문"이라고 답변하였다. 특히 합동총신의 지난 7월 5일 임원회 회의록에는 "해외합동총회와 이중 교적 결의"라는 내용까지 기록되어 있으며 합동총신의 노회가 박O한 목사의 제천 축복교회에서 개최되었다.

한 교단서 27개 신학원 운영

박O한 목사가 총회장을 역임한 예장 개혁총연이란 교단은 남북대회, 서남부대회, 동북아대회, 중부대회, 한남대회, 영남대회 등 6개의 대회가 있고, 산하에 각 노회가 있으며, 각 대회에서 운영하는 신학원

▲ 박O한 목사와 제천 축복교회 전경

들이 있는데 서남부대회는 13개의 신학원을 운영하고 있다. 그래서 개혁총연 교단 소속 신학원은 총회선교신학원, 한국개혁신학원, 개혁총연 신학연구원, 선교문학신학원, 영남개혁신학연구원, 서울총회신학원, 경인총회신학원, 전주총연신학연구원, 경기신학연구원, 대전개혁연합신학연구원, 부경신학연구원, 부산개혁신학연구원, 사도영성신학연구원, 순천개혁연합신학원, 여수총회신학연구원, 유럽실로암신학원, 인천총회신학연구원, 중부개혁신학연구원, 강남총회신학연구원, 수경총회신학연구원, 총회신학목회대학원, 대한개혁신학연구원, 개혁총신연구원목회대학, 부산개혁신학연구원, 총회인준총회신학목회대학, 개혁총연총회신학원, 영남장로회신학교 등, 27개 신학원이다. 모두 비인가신학원이고, 각 교회당 한 켠을 사용하면서 신학교라고 하고 있다.

특히 박O한 목사는 자신이 원로로 있는 충북 제천시 용두천로 31에 소재한 제천 축복교회에서 '총회사이버신학원'을 운영하고 있으며, 총회 산하 직영 신학교인 미국 Henderson C. University 지부도 운영하고 있다.

특히 신옥주가 원장으로 있는 바울사관아카데미를 이수하면 미국 핸더슨 신학대학의 졸업증명서를 수여하였다. 지난 2014년 제천 축복교회에서 학위 수여식이 있었는데 졸업생이 87명이었다.

▼ 예장 개혁 총연 총회(원 엄O형 목사)

제1장 장막성전 후예들...

美 핸더슨 신학대학은 피종진목사(목회대학원장)와 박O한 목사(한국교회연합 바른신앙수호위원회 부위원장)가 직접적인 관계가 있다. 신옥주의 바울사관아카데미를 통하여 미국 핸더슨 신학대 목회대학원 과정을 개설한다고 선전을 하였다.

그런데 한교연 바수위에서 이단강사 세미나 교육을 시작할 때에 바수위 강의를 1년 들으면 미국 핸더슨 신학대학 수료증명서를 준다고 선전하는 일이 있었다. 한교연 바수위 부위원장이었던 박O한 목사가 이것을 제안하였다고 하는데, 결국 취소한 일도 있었다.

예장 개혁총연, 그리고 해외합동총회와 합동총신이 이중 교적, 2013년에는 세계한인기독교총연합회 창립, 크리스챤연합신문사 설립자, 그리고 개혁총연 소속 인터넷 신문사인 한국개혁신문 등 한 사람으로 인하여 몇 개의 교단이 탄생됐으며, 관련 신학원 만도 30여 개에 가깝고, 언론사 만도 2개이다.

장막성전 후예들과 신옥주가 자리메김토록 도와준 박O한 목사로 인하여 3개 교단과 언론사가 운영되고 있으며, 소속 신학원들을 통해 배출된 비자격 목회자

▼ 안산소망교회

제100회 총대 명단 보고서 (동북아 대회)

노회명		성 명	총대 인원 수		
			목사	장로	계
강 원	목사	권병O, 김진O, 양성O, 황성O, 민남O	5	4	9
	장로	황복O, 엄승O, 김병O, 박덕O			
경 남	목사	정상O, 김정O, 이O, 배봉O, 김정O, 박진O	6	3	9
	장로	이승O, 박인O, 박말O			
경 북	목사	조경O, 김귀O, 이병O, 김종O, 장윤O, 이종O	6	2	8
	장로	정관O, 이승O			
경 인	목사	고복O, 고용O, 송재O, 고현O, 유병O, 문승O, 김광O, 명순O	8	3	11
	장로	김옥O, 임시O, 장기O			
동 북	목사	최승O, 최원O, 김명O, 김양O, 김영O, 김점O, 김정O, 김종O, 김진O(에스O), 노효O, 박영O, 복만O, 윤순O, 윤종O, 이창O, 정은O, 조근O, 조만O, 강계O, 고재O, 권영O, 김동O, 김덕O, 김명O, 김방O, 김성O, 김수O, 김옥O, 김전O, 김O(영)O, 김평O, 나O O, 박미O, 박은O, 박재O, 백남O, 설혜O, 송영O, 여히O, 오시O, 오휘O, 유경O, 한상O, 남미O, 강윤O, 송문O, 박순O, 이진O, 유재O, 이관O, 유승O, 육링O, 윤은O, 이귀O, 이남O, 이복O, 이성O, 이항O, 임미O, 전공O, 전히O, 정금O, 주홍O, 지미O, 차순O, 최금O, 한에O, 홍성O, 김옥O, 박성O, 김은O, 박경O, 김양O, 김명O, 박영O, 박오O, 송인O, 이영O, 정민O, 임영O, 김덕O, 윤옥O, 백중O, 김경O, 서종O, 이정O, 조축O	87	6	93
	장로	우종O, 서총O, 장석O, 한상O, 정은O, 조헌O			
부 산	목사	문춘O, 김정O, 김평O	3		3
	장로				
수 경	목사	정좌O, 김은O, 이재O, 진용O, 양정O, 양정O, 송금O, 정우O	8		8
	장로				
수 원	목사	강병O, 정우O, 노히O, 이초O, 김히O, 강태O, 이길O, 유근O, 정동O, 권영O, 황선O, 정혜O, 육근O, 임부O	14	3	17
	장로	고귀O, 육달O, 강팔O			
인 천	목사	신용O, 김병O, 김진O, 홍영O, 정길O, 박복O, 정숙O, 전상O, 정인O, 구재O, 김영O, 박성O, 최미O	13	1	14
	장로	하동O			
전 남	목사	소영O, 김민O, 이영O, 박형O, 김운O, 김명O, 소병O, 박세O, 박래O, 조온O	10		10
	장로				
전 북	목사	최요O, 윤돈O, 이병O, 김대O	4	12	16
	장로	박해O, 박정O, 이인O, 유재O, 최상O, 김영O, 주재O, 조석O, 김종O, 이흥O, 조동O, 최재O			
충 북	목사	장용O, 이히O, 홍동O, 이광O, 조영O, 강길O, 윤팔O	7	1	8
	장로	신종O			
충 남	목사	최원O, 최원O, 유성O, 김종O, 이인O, 김수O, 배선O, 전일O, 김영O, 김광O, 문덕O, 하민O, 이순O, 김상O, 박상O, 장동O	16	6	22
	장로	강명O, 정광O, 강민O, 김태O, 이용O, 이진O			
13개 노회		총대 인원 계	186	42	228

▲ 장막성전 이탈자들 이곳에 들어갔다.

제1장 장막성전 후예들...

들은 가히 그 수가 상상이 간다.

예장 개혁총연은 각 대회(노회)마다 신학원이 있으나 대부분 무인가로 교회당 한 켠에 사무실을 두고, 통신으로 이루어지고 있다. 예장 개혁총연 동북아대회 소속 강남총회신학원(신옥주가 교수였다고 밝힘)은 강남중앙교회 지하실 한 켠을 사용하고 있는데, 학생들도 거의 없는 수준이다. 대부분 상황이 이렇다.

이명 온 타 교단 교역자 교육인 편목과정도 2박 3일 또는 신앙 인격 훈련 세미나라면서 1박 2일 수료하는 것이 고작이다. 그렇게 하고는 정회원으로 받는 것이다.

장막성전 이탈자, 그전엔 전도관 출신이었던 안산소망교회 이초O 목사

이 목사는 "박O한 목사와는 같은 교단, 노회였다. 예전에 장막성전에 있었다. 신옥주 목사도 같은 교단, 같은 노회 사람이었다."고 밝혔다.

그가 한 간증에서, "원래 박태선 전도관 출신이었는데, 1967년 장막성전에 들어갔다. 그는 1967년 12월 25일 새벽 영분별을 위한 간절한 기도를 했는데 하나님께서 한 환상을 보여주었다고 한다. 큰 십자가가 나타나고 음성이 있어 "너는 내가 택한 자이니 선택의 자유를 주리라" 했단다. 우산 8개 중 한 개가 펴져서 비속에 장막성전으로 가는 모습을 보고 입주하게 되었다고 한다. 당시는 전도관 내에 장막성전 세력이 일어나던 때였다."는 것이다. 그런 그가 현재는 기성 교단에서 노회장, 감사, 연합회 활동 등을 하고 있다.

⑤. 박O한 목사 (언론사 설립), 장막성전 이탈자들 영입, 언론사 이사로 등용!

박O한 목사로 인하여 3개의 교단과 1개의 단체, 그리고 언론사가 설립되었다. 그가 사역을 시작할 무렵인 1982~3년은 장막성전 이탈자들이 갓 목사 안수 받

▲ 이수종 목사의 문제의 명설교집

은 때였다. 그들을 영입해 총회장, 노회장, 언론사 이사로 등용, 연합회 활동을 할 수 있게 길을 열어 주었다. 그는 과연 교계의 브로커인가?

6. 장막성전 후예들, 계시록 강의하며 활동!

1966년 유재열 씨에 의해 시작됐던 장막성전은 이후, 신천지예수교증거장막성전(이만희), 증거장막성전(홍종효), 무지개증거장막(심재권), 성남장막성전(정창례) 등으로 분파되었다. 이들의 공통점은 내부 조직이 1인 교주 체제로, 자칭 재림예수로 둔갑하여, 교주만이 성경의 요한계시록 등을 정확히 해석할 수 있다고 주장한다.

장막성전의 분파는 이상의 단체들 외에도 몇 곳이 더 있다. 과거 7천사라는 그룹에 속했던 사람들 중 신광일, 정창래, 백만봉, 김창도 등도 은밀한 가운데 활동을 하고 있다. 장막성전의 사상과 교리에 영향받은 10여 개의 곁가지들이 난무하다. 이들의 영향으로 교계에서 계시록 강의하는 이들이 있다.

7. 장막성전 자금 유입된 합동보수 측 이수종 목사, "휴거" 책 썼다 회수하기도!

이수종 목사는 합동보수 측 두란노교회(서울시 송파구 문정동 150-4 국제빌딩 7층) 담임을 하면서, '열린문 두란노 성경연구원' 원장, '두란노 신학연구원' 학장을 역임하였다. 당시 이수종 목사의 성경 강의에 수많은 인파가 몰렸다고 한다. 저서로는 성경 66권을 설교한 명설교집 15권, 요한계시록 3권의 강해집, 종말론 99편, 상징과 비유, 왕권 설교... 등 수많은 설교집과 저서들이 있고, 『재난의 시작』, 『휴거』[2]라는 책을 발행했는데, 내용에 문제가 있어 물의가 되자 『휴거』라는 책은 모두 회수했다고 한다.

『재난의 시작』이란 책에도, 다니엘 70이레, 짐승의 비밀, 추수 때... 등 세대주의적 종말 사상이 담겨 있다.

---

2) 내용 중. 짐승의 표 666은 컴퓨터 시스템이다. 컴퓨터 시스템 통치를 전 인류는 피할 수 없다고 주장!

▼ 신옥주 집단이 합신 총회 장소 앞서 시위

8. 은혜로교회 신옥주와 스승 이수종 목사의 세대주의적 종말관

신옥주 목사는 그의 저서, 『교회 안의 무당』, pp.239~240에서, "스승이라면 정상적인 기독 교계에서 약 40년간 목회자 세미나를 하신 분인 '열린문 두란노 성경연구원'을 하신 이수종 목사님과 주의 일을 같이 했을 뿐이다… 그분이 사용하고 있는 자료들을 말 그대로 자료화하는 작업을 필자가 했다."면서 이수종 목사의 제자였음을 밝혔다.

이수정 목사는, "예수님의 부활 승천이 재림하실 때 성도들의 '휴거'의 모형이다."[3]라고 하면서, "마지막 때 성도들의 부활은?(마 27:50~53) 설교에서, "함께 부활된다"고 주장. 구원도 각각, 성령도 각각 그러나 부활은 각각이 아니고 "단! 부활"이라고 하면서, "레 23:9~12에서, 첫 이삭 한 "단"을 바치는 절기라고 했다. 그 택하신 자들이 바로 휴거의 대상이다."라고 했다.[4] 신옥주도 휴거를

---

3) 이수종 저, 명설교 제2집, p.6
4) 이수종 저, 명설교 제2집, p.58

▼ 신옥주 집단이 합신 총회 장소 앞서 시위

주장하고 있다.

"신앙에도 사계절이 있다면서 겨울은 심판시대(휴식기, 예비처), 가을은 환난시대(추수기), 여름은 은혜시대(성장기), 봄은 1000년 시대(파종기)라고 했다."[5] 신옥주도 지금은 가을 추수기라고 주장하고 있다. "말세에 이마에나 손에 666 짐승의 표를 받지 않아야 한다. 666 짐승의 표는 이마와 손에 쉐마의 기호가 없는 자가 받는다고 하면서 세상 사상에 이기지 못하면 666 짐승의 표를 받는다고 했다."[6] 666이란 상징 수를 비성경적으로 해석하였는데, 이 또한 신옥주도 같은 주장을 하고 있다.

영생의 말씀(요 6:63~71)이란 설교에서, 말씀에는 3가지가 있다고 한다. 1) 살아계신 인격적인 말씀, 예수님 2) 문서화 된 하나님의 말씀, 성경 3) 선포되는 하나님의 말씀, 설교. 이를 통틀어 말씀이라고 한다는 것이다.[7] 그러면서 "하나님의 입에서 나오는 말씀! 이 말씀이 곧 하나님이시다. 그럼 예수님은 누구신가? 그 말씀에 육신(살)을 입으신 분이다. 육신이 입혀진 예수님이시다. 영이 육이 되고 말씀이 피가 된 것이다."[8] 신 씨도 같은 맥락의 주장을 하고 있다.

▲ 이수종 목사의 문제의 저서들

"여름철 큰 홍수가 나기 전에 개미들이 부지런히 이동하는 것을 쉽게 볼 수 있다. 그들은 천재 재난을 피하여 안전한 곳으로 도피한다. 계 12:6에서, 마지막 때 신령한 교회 성도는 광야 예비처로 도망해야 한다. 도피성 6개는 거룩, 힘, 교통, 안전, 휴거, 환희가 있는 곳이다."[9] 라는 부분도 신 씨 또한 같은 주장을 하고 있는데 신옥주는 구체

---

5) 이수종 저, 명설교 제4집, p.53
6) 이수종 저, 명설교 제4집, p.65
7) 이수종 저, 명설교 제6집, p.87
8) 이수종 저, 명설교 제6집, p.88
9) 이수종 저, 명설교 제7집, p.25

적으로 그곳이 '피지'라고 한다.

환난의 때를 준비(대비)하라!(마 24:21~31)라는 설교에서, 대환난이 있으니 대비해야 한다면서, "예언의 말씀을 깨닫고 징조를 알아야 한다. 그때 그때 징조를 주신다. 이를 깨닫지 못하면 짐승이

▲ 신옥주의 저서들

다."10)면서, "피할 곳(예비처)을 알고 있어야 한다. 마지막 때에는 하나님께서 예비하신 곳이 있다. 마지막 때에는 집 안에 있는 물건을 가지러 내려가지 말라. 겉 옷(세상, 형식, 옷)을 가지러 뒤로 돌이키지 말아야 한다."11) 겉 옷 주장도 신 씨와 같다.

"창 1:1, 태초에 말씀이 계셨다는 것은 영원 전, 무궁한 세계, 시작이 없는 그 때부터 말씀과 하나님이 아들과 아버지와 함께 계셨다는 것이다. 천지창조는 하나님이시오, 말씀이요, 예수요, 아들로 해석할 수 있다."12)

신 씨는 아담 이전, 영혼 선재설을 주장한다.

"벧후 3:8에서, 하루가 천년 같고 천년이 하루 같다고 했다. 아담에서 노아까지 1000년-1일, 노아에서 아브라함까지 2000년-2일, 아브라함에서 모세까지 3000년-3일, 모세에서 예수까지 4000년-4일, 예수에서 1000년 왕국까지-7일이다."13)

이는 신옥주도 같은 주장을 하고 있다. 그래서 지금은 7일째 접어들었다고 한다. 그래서 "초막절이 천년왕국이고, 예수 오시는 날이며, 천국 입성의 날이다."14)라는 것이다.

이에 대해 합신신대원 이승구 교수는, 전체적으로 전혀 고려할 가치도 없는 말들이다. 성도들로 하여금 이와 같이 잘못된 가르침에서 벗어나 성경의 온전한 가르침에로 나오도록 힘써달라면서, 시간을 계산하는 모든 시도들은 잘못된 것

---

10) 이수종 저, 명설교 제8집, pp.10-12
11) 이수종 저, 명설교 제8집, p.13
12) 이수종 저, 새벽설교 104편, 명설교 12집, p.9
13) 이수종 저, 새벽설교 104편, 명설교 12집, p.35
14) 이수종 저, 새벽설교 104편, 명설교 12집, p.149

이다. 휴거를 말하는 이론들은 대개 잘못된 것이다. 이 분의 성경해석은 전반적으로 전혀 바르지 않은 것이다라고 하셨다.

⑨ 신옥주 목사, 장막성전 이탈자 교단서 목사 안수받고, 같은 교단서 활동!

신옥주 목사가 스스로 밝힌 약력 및 경력을 보면, "휴거"라는 책을 통해 계시록, 종말론으로 물의를 일으켰던 이수종 목사와 함께, 열린문두란노성경연구원 부원장 역임, 두란노신학연구원 부학장 및 교수를 역임하였고, 장막성전 이탈자들과 같은 교단, 같은 노회 소속이었다. 예장 개혁총연 동북노회 중국 파송선교사였으며, 산하 신학원인 강남총회신학 교수였다고 스스로 밝히고 있다.

2002년 10월, 예장 합동연합 수도노회에서 목사 안수, 당시 이수종 목사가 권면 맡아.
2002년, 서울교회 복지연구원 원장 이수종 목사·부원장 신옥주
2003년, 서울 국제유학원 대표 신옥주, 고문 이수종

▼ 신옥주 목사

- 26 -

2005년경 중국에서 활동하며, 박O한 목사와 알게 된 것 같다.

2008년 약 3년간 중국에서 활동하다 돌아와 인천 학익동 열린성경연구원을 시작해 그해 6월 한국교회백주년기념관에서 성경해석세미나를 필두로 방언 및 방언통역 공개 강좌를 실시해왔다.

2009년, 장막성전 이탈자 오평호 목사가 예장연합 총회장이었다.

2012년, 해외 합동총회 서북노회 노회장 박O한 목사의 이름으로 신옥주를 부노회장으로 영입.

2014. 1. 13. 해외 합동총회 서북노회 정기노회 및 제천축복교회 입당예배, 노회 주요 안건은 신옥주 목사의 이단 사이비 무혐의 재신임.

2014년, 10월 3일, 신옥주 목사 노회 탈퇴.

2015년 6월, 예장 합동총신 교단으로 재가입. 박O한 목사 교단

▲ 은혜로교회 측에서 배포한 자료

신옥주 소속 예장 합동총신 교단은 지난 7월 15일, 총회에서 해외 합동총회와 "이중 교적 결의"를 하였다.

 10. 신옥주 목사, 예수 따로! 그리스도 따로! - 기독론의 문제

위에서 살펴 보았듯이 신옥주의 스승 이수종 목사와 신옥주의 주장들이 일맥 상통한 부분들이 많다. 모두 비성경적 주장들이다. 신옥주의 주장들도 한번 보자.

"보이는 문자적인 기록은 예수의 일이고, 문자 속에 담겨 있는 말의 뜻은 그리스도의 일이다."[15]면서 "전 성경은 하늘나라 방언으로 기록되어 있다."[16]

---

15) 신옥주 저, 『내 생각은 너희 생각과 다르고』, p.10
16) 신옥주 저, 『내 생각은 너희 생각과 다르고』, p.49

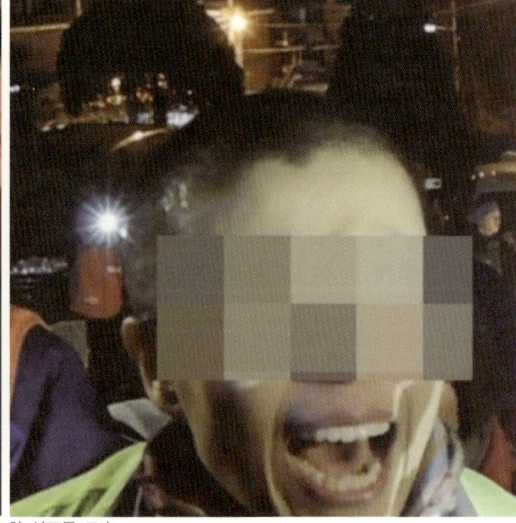

▲ 삭발한 은혜로교회 신도들 모습

그래서 문자만 보고는 그 뜻을 알 수 없고, 문자만 보고 말하는 것은 율법주의라고 한다. 그리고 "문자로 기록된 하늘나라 방언은 예수의 일이다. 비밀로 덮여있기 때문에 방언은 통역을 해야 알아들을 수 있다면서, 그 방언 통역이 그리스도에 관한 것이다라고 한다."[17] 예수와 그리스도를 분리해 설명하고 있는 우를 범하고 있는 것이다. "성경 속에 숨겨져 있는 말의 뜻이 특별계시이다."[18] (p.174에서, 전 성경은 상징과 비유로 기록되어 있다.) 즉, 방언 통역이 진짜 말씀이라는 것이다. 그런데 "통역하는 사람은 그리스도와 연합한 '한 사람'"이라고 했다.[19] 본인이 그런 사람이라고 은근히 주장하고 있다.

11. 구약의 성령과 신약의 성령이 다르다? - 성령관의 문제

"구약에 역사하셨던 성령님은 일시적으로 오셨다가 떠나셨지만, 오늘날의 이 시대는 진리의 성령으로 오셔서 우리 속에 영원토록 계신다."[20] (p.62에서도 구약에 역사하셨던 성령과 오늘 날 역사하시는 성령에 대한 정확한 지식이 필요하다고 했다.)

---

17) 신옥주 저, 『내 생각은 너희 생각과 다르고』, p.53
18) 신옥주 저, 『내 생각은 너희 생각과 다르고』, p.80
19) 신옥주 저, 『내 생각은 너희 생각과 다르고』, p.208
20) 신옥주 저, 『내 생각은 너희 생각과 다르고』, p.250

12. 신옥주의 설교가 성령의 음성이라?

"문자적인 기록으로 주신 것은 예수의 일, 즉 육신의 일이고, 그 말(문자)의 뜻은 그리스도에 관한 일이다."[21] 그러니까 예수는 인성이고 그리스도는 신성이라고 주장하고 있는 것이다.

"요 10:27에서, 내 양은 내 음성을 듣는다고 했다. 성령의 음성은 문자적 성경인 하늘나라 방언을 통역하여 예언하는 것이며, 이렇게 전하는 예언의 말씀 자체가 바로 성령의 음성이다.(성경은 읽어서는 모른다. 통역해줘야 안다.)"[22]

본인의 설교가 성령의 음성이라는 주장이다.

"천사는 곧 보냄을 받은 자, 하나님의 사자 역할을 하는 목사를 뜻하는 말이므로, 목사가 하는 말을 두고 천사의 말이라고 한다."[23] 면서 은근 슬쩍 본인을 절대시하고 있는 것을 볼 수 있다.

13. 신옥주 본인이 인봉된 성경을 열고 있다 주장!

"전 성경은 예수 그리스도의 이름으로 인봉한 것이지만, 때가 이르면 택한 하나님의 종들과 자녀들에게는 인봉이 열리게 하고(계시록 5:9, 창 18:17, 아모스 3:7) 또한 인봉치 아니한 매매증서가 된다(계 22:10). … 때를 따라 양식을 먹고 먹일 수 있도록 그 시대마다 택한 주의 종들을 통하여 하나님께서 열어 주셨다… 이제 때가 되어서 인봉한 증서가 열리는 시대라 감추었던 하나님 나라 비밀이 드러나는 것이다."[24] 본인을 통해 인봉된 것이 열리고 있다는 것이다.

---

21) 신옥주 저, 『방언 통역과 방언』, p.176
22) 신옥주 저, 『방언 통역과 방언』, p.182
23) 신옥주 저, 『방언 통역과 방언』, p.202
24) 신옥주 저, 『성경과 다른 거짓말』, p.80

14. 구약 4천년 - 4일, 신약 2015년 - 3일째, 그래서 지금은 7일째다!

하나님의 우주적 7절기(계획표)

3차절기	절기명	또 다른 절기명	정한 기한	예언	성취	미 성취	행위와 믿음
봄 절기(1차)	유월절	종려절	주후 30년	구약의 모든예언	예수님의 죽으심과 부활		
	무교절						
	초실절	맥추절					
봄 절기(2차)	오순절	칠칠절			성령님의 임재		
넉달농사기간	이방인 전도		주후 1~2000년	구약/신약의 예언	세계복음 전파		
가을절기(3차)	나팔절		주후 2001년~	구/신약의 다시 예언		경고의 나팔	(회개 돌이킴)
	속죄절(희년)	(근)안식일				속죄와 안식	정결과 성전건축
	초막절	장막절/수장절				주님의 실재임재	주님의 장막속으로

하나님이 계획하신 우주적 절기를 성경을 바탕으로 표로 작성하였습니다.
이 표를 설명하자면 2천년 전 예수님은 구약의 예언대로 이 땅에 죽으러 오셨고 예언대로 성취하시고 부활하여 '내가 다시 오리라'는 약속을 남기고 가셨습니다.
예수 그리스도께서 가시면서 '내가 가면 그를 보내리라'고 약속한 또 다른 보혜사 성령님을 오순절에 보내 주셨고 그 성령님은 우리에게로 오셨습니다.
예수님의 죽으심과 부활, 그리고 성령님의 임재로 하나님의 봄 절기는 모두 지났고 넉달 농사기간(주후 1~200년)도 다 지나갔습니다.
이제는 가을절기 곧 추수절기만 남았습니다. 그 가을절기 중에도 나팔절은 이미 지나갔고 지금 속죄절이 지나가는 중이며 조금 있으면 모든 절기가 다 끝납니다.
(큰)나팔절 = 2001년~, (대) 속죄절 = 2010년~, 초막절 = 2015년 (이는 성경적인 기한이며 하나님의 뜻에 따라 다소 늦추어지길 기다려 봅니다.)

▲ 신옥주가 주장하고 있는 절기표

"(가을 절기) 지금 이 시대를 성경적으로 말하면 일곱째 날, 여호와의 날, 그리스도의 날, 주의 날, 그 날, 심판 날, 큰 안식일 날, 나팔절, 속죄일, 희년, 초막절 등이 실제 이루어지는 하나님께서 정하신 이 때로서 이때야 말로 하나님의 택하신 그리스도인들의 영혼이 거룩해지는 시기이다. 즉 하나님께서 일곱째 날을 복 주사 거룩하게 하신다고 언약하신 대로 이루어지는 시기로 전 우주적인 가을(추수 때)철 절기인 나팔절과 속죄일을 지금 지내고 있으며, 앞으로 초막절만 남아 있다."²⁵⁾고 하면서, "대환란 즉 이 땅에 남아 있는 모든 사람들에게 있을 시험의 때를 면하게 해달라는 주기도문의 기도가 실제 이루어질 날이 이제 곧 다가오고 있다."²⁶⁾고 주장한다. 이는 그의 스승 이수종 목사의 주장에서도 볼 수 있다.

15. 예수는 인성, 그리스도는 신성!

"(롬 10:14~15) 위 본문처럼 예수(인성)는 그리스도(신성)라고 인성과 신성을 성경적으로 온전하게 전한 복음 전도자가 많이 없었다는 것은 이미 열매로 증거가 된 것이고, 이렇게 말씀을 전하지 못했으므로 기독교인들의 믿음 또한 허상이었음도 드러난 것이 지금의 현실이다."²⁷⁾ 잘못된 기독론을 주장하고 있다. 얼마나 성경과 교리에 무지한 사람인지 알 수 있다.

16. 은혜로교회 신도들이 진정한 하나님의 아들들?

"그래서 지금 이 시대(지난 6일간, 크게 구약 4천년, 신약 2천년)는 전 우주적인 대 속죄일 기간이다. 이 대 속죄일 기간에 땅에 사는 모든 그리스도인들이 진리의 성령으로 말미암아 영혼이 정결되어 그리스도와 동행하는 진정한 하나님의 아들들이 나타나는 때이기도 하다."²⁸⁾ 마지막 때 본인과 은혜로교회가 진정한 하나님의 아들들이라는 것이다.

17. 신옥주 - 영혼 선재설 주장!

신옥주는 설교에서, "아담이 첫 사람이라고 하면, 거짓말이다. 아담 이전에도

---

25) 신옥주 저, 『성경과 다른 거짓말』, p.98
26) 신옥주 저, 『성경과 다른 거짓말』, p.101
27) 신옥주 저, 『성경과 다른 거짓말』, pp.165-166
28) 신옥주 저, 『교회 안에 무당』, p.174

죄가 있었다. 죄를 짓게 하는 것은 사단 마귀이다. 그러니까 아담 이전에도 사망이 있었다."

"지금은 사단, 마귀, 귀신을 종말시키는 시대이다. 그러니까 그들이 우리를 죽이려고 하는 것이다. 베리칩도 그것을 시행하는 코 앞에 와 있다."면서 잘못된 창조론과 종말사상을 주장하고 있다.

 18. **환란과 기근을 대비하는 곳이 '피지'** (오세아니아에 있는 작은 섬나라)**다!**

은혜로교회 최모 집사와의 대화

최모 집사, "시리아나 이라크에서 IS에 의해 기독교인들이 죽어가고 있는데도 누구도 신경을 쓰지 않고 있다. 그래서 우리가 그 난민들을 선교지로 다 데리고 올 것이다."

▷ *선교지가 어디인가?*
▶ 피지이다. 그곳에서 우리가 '그레이스로드컴퍼니' 회사를 세워 지금 농사를 짓고 있다.
▷ *한 교회가 난민들을 어떻게 책임지나?*
▶ 그러니까 하나님께서 일하게 하시는 것이다. 우리 교회가 부자 교회는 아니다. 그러나 말씀대로 듣고 보고 행하고 있는 것이다.
▷ *그런데 왜 하필 피지인가?*
▶ 성경 말씀대로 길따라 가면 그 나라가 피지라고 나온다. 환란과 기근을 피할 수 있는 곳, 그것을 대비하는 곳이다.

성경은 문자적으로만 읽으면 이해가 안 된다. 율법대로 보면 안 된다. 그 속에 비밀이 있는데 그것이 복음이다. 지금이 구약 4천년 4일, 신약 2015년, 3일 째이다.

3일 째 접어들었다. 구약시대부터 지금까지 이제 일곱째 날에 접어들었다. 성경의 비밀이 지금 열리고 있다. 하나님이 일곱째 날에 복 주신다고 했다. 이제 말씀이 드러나고 있는 것이다.

지금 이 시대는 하나님의 아들들과 마귀의 아들들이 나타나는 시대이다. 창 1:1에서 지금은 말씀으로 재창조의 시대이다. 하늘에 갈 자와 땅에 갈 자를 구별하는 시기이다.

신옥주 목사도 설교에서, "지금은 일곱째 날 대속죄일이다. 육체가 죽지 않고 살아서 하나님께 간다."면서 육체영생 교리를 주장하고 있다.

19. 은혜로교회 신도들 증언 - 공개 죄 자백하고 뺨 맞고, 머리 깎아!

"신도들 앞에 나가 공개 죄 자백하니, 신옥주가 뺨을 쳤다. 그리고 머리를 깎았다. 신옥주가 뺨을 때린 것은… 하나님을 대신해서 내 죄를 용서하고 원수를 갚아 주신다는 의미이다." 어느 신도의 고백이다.

종말신앙 부추겨 신도들로 하여금 맹종하게 하고, 가산을 털어 피지로 이주하여 말세 환란을 대비하게 하고 있다. 상식이 통하지 않는 집단이다. 공개 죄 자백하게 하고는 뺨 치고, 머리를 깎고… 가정들이 무너지고 있다.

신옥주는 예수와 그리스도가 다르고, 구약의 성령과 신약의 성령이 다르다. 성경은 방언으로 기록되어 있다. 방언은 통역을 해야 알아들을 수 있다. 통역은 특별히 선택받은 자만이 할 수 있다. 그 일을 본인과 은혜로교회가 하고 있다며 주장하고 있으며, 공개 죄 자백, 엉터리 휴거 주장, 세대주의적 종말관, 베리칩 666 주장, 종말 대비 장소가 있다. 아담 전 영혼(영혼 선재설), 육체영생 교리 등 비성경적 주장을 하고 있다. 이미 이단으로 규정되었다.

20. 장막성전 오평호,
신옥주는 내 제자였다!-은혜로교회 신옥주, 장막성전 분파로 봐야!

장막성전 오평호, "신옥주 목사 잘 안다. 나에게 배웠다."고 필자와의 통화에서 밝혔다. 실제로 신 씨의 가르침에는 성경이 상징과 비유로 되어 있다. 인봉된 것이 열린다. 두 가지 씨가 있다(예레미야서 인용). 그릇이 두 가지이다(로마서 인용), 육체영생 교리(계시록 20장 인용), 144,000 인 맞은 자 주장 등 장막성전 신천지 교리와 유사한 교리들이 대부분이다. 은혜로교회 신옥주는 장막성전 분파로 봐야 한다.

현혹되지 말자!

하나님의 약속의 확실성을 믿고, 끝까지 충성하고 인내하며 신앙과 행위를 지키는 것이 우리의 의무이다. 계 21:1~4에서, 새 예루살렘에 들어간 자들은 눈물과 애통, 곡으로 그 시간들을 보낸 사람들이다. 즉, 버텨낸 자들이다. 이들이 바로 죽기까지 교회의 본질을 지켜낸 충성된 증인들이다. 예수 그리스도를 죽인 세상인데, 하물며 믿음의 사람들이 세상에서 환란이 없고, 갈등과 고민이 없을 수가 있겠는가, 어떠한 공격과 핍박과 유혹에도 굴하지 않고, 우리의 믿음을 놓지 않는 것이 믿음의 사람들의 의무이다. 그런데 세대주의적 종말관은 역사를 7개의 세대로 구분하여 각 세대마다 하나님께서 특정 국면을 주셨다고 주장한다. 구약은 이스라엘에만 해당되는 이야기로만 여기고, 현재는 이스라엘에 대한 약속이 중지되어 있는 임시적인 교회로 본다. 그리고 교회를 위한 재림은 공중재림. 환난 전에 교회를 공중으로 끌어올리는 '휴거'로 본다. 그러나 계시록의 환상은 개괄적으로 기록되어 있지, 시간 순서로 나타난 것이 아니다. 공중재림, 지상재림으로 나누는 것은 오류다. 이미 시작되었고 아직 이루어지지 않은 것이다. 종말의 때, 시각, 날짜에 민감할 필요가 없다.

이단집단에서 이탈하여 기성교단화 한 집단은 장막성전 이외에 "예수교 감리회"가 있다. 구원파 유병언 계열에서 재정 담당을 했던 인물이 나와 유병언처럼 신도들을 상대로 사업 수완이 대단하다. 현재 천안에서 활동 중이다. 박윤식 계열, 류광수 다락방 계열은 기성교단과 암약하였고, 단시간의 신분 세탁 후 자연스럽게 활동하고 있는 현실이다. 제대로 된 교육이나 재 안수받고 활동하는 이들은 극히 소수이다. 이는 심각한 문제가 아닐 수 없다.

제2장

은혜로교회 신옥주,
피지왕국 건설에 풍수지리 무속인 이용!

1. 은혜로교회 신옥주의 실체, 무속인에 의존한 그녀!

그 착하고 순진했던 우리의 가족들이 은혜로교회에 다니고부터는 눈빛이 변하고 얼굴색이 변하면서 사나워지고, 추위에도 아랑곳없이 여기저기 반대하는 곳들 찾아다니며 앙칼지게 길거리 피켓 시위를 하고, 자신의 죄를 공개적으로 동영상 유튜브에 올려 놓고, 삭발을 하고 뺨을 때리고 머리를 때리는 등의 타작을 서슴치 않는 이유가 뭘까... 단 1~2년 다니고는 남은 인생 전부를 걸었다. 학생들은 자퇴 또는 휴학하고, 70대 원로목사 포함 기성교단 목사들까지 직분 떼고 신도로 맹종!

신옥주: "맞아, 안 맞아?" "고~럼!" (성경 들고) "나와 있잖아~!"
"여러분... 지금까지 다른 교회 다니면서 '영혼을 위한 설교', 들어본 적 있나..?"

신도들: (일제히) "없습니다!"

신옥주: "그렇지! 다 속았다. 기독교 역사 130년 동안 변한 게 있나? 한 게 뭐 있나?"
"지금 거기에 있으면 짐승표 받고 모두 피바다 된다!"
"이 말씀이 감추어져 있었던 거야! 이것이 성령의 음성이다. 하나님의 말씀, 태초부터 함께 있었고, 영원 전부터 있었던 그 말씀! 방언 통역이다!"
"우리의 혼은 태초부터 있었다. 여기에 예수의 육신과 하나가 되면 천년왕국이 이루어진다. 귀신의 처소 바벨론에서 속히 나오라! 지옥 간다!"
"타작받고 알곡되어 척량받아 성경대로 이루어진 환란 대피처로 가야 한다!"
"여기에 있으면 대지진 못 견디고 베리칩 받고 죽는다! 하나님의 아들들인 우리가 신천신지 건설한다. 영혼 건축 해야 한다!"
"그곳에서 산 채로 휴거되어 영원히 살 것이다!"
"이것이 진리이다!"

≪신옥주의 설교대로 요약한 것이다.≫

▲ 성경책 들고 설교 중인 신옥주

　은혜로교회 신옥주 씨가 신도들을 현혹하고 있는 주장들이다. 여러분 속지 마시라! 신씨의 주장은 반성경적이며, 진리가 아니다. 성경을 자기 입맛대로 멋대로 가감하고 있다. 목사? 라면서 어찌 무속인을 대동하고 풍수지리를 본단 말인가?

　"너를 방언이 다르거나 말이 어려운 백성에게 보내는 것이 아니요 이스라엘 족속에게 보내는 것이라 너를 방언이 다르거나 말이 어려워 네가 알아듣지 못할 열국에 보내는 것이 아니니라"(겔 3:5~6)고 하셨다. 모든 성경은 방언이다. 통역 해야 알 수 있다. 그것을 신 씨가 한다는 주장은 성경 어디에도 없다.

▼ 풍수지리를 봐주었다는 무속인의 집 간판과 주위의 석상들

▲ 무속인의 집 전경(현관에 사자상이 있다.)

2. 기자, 신옥주 여사로 인하여 포항 무속인까지 만나!

은혜로교회 신옥주 씨가 무속인을 대동하고 남태평양 피지(Fiji)의 은혜로교회에서 건물을 지을 땅의 풍수지리를 봤다는 제보를 받고, 경북 포항시 기계면 계전리에 소재한 무속인의 집을 찾았다.

글을 쓰고 있는 지금도, 그리고 그곳을 찾기 전·후도... 북받쳐오르는 심정을 추스르기가 쉽지 않다. 이 사람은 목사라 할 수 없는 사람이다.

지방 곳곳을 찾아다니며 이탈, 피해자들을 만나 인터뷰하고, 그리고 난생 처음 무속인까지 만나 글을 정리하려는데, 산재(散在)한 자료 정리 만도 보통 시간이 걸리는 게 아니었다. 뿐만 아니라 잘못된 신앙을 가진 한 사람으로 인하여 수많은 가정이 파탄이 나고, 매번 만나는 이들마다, 악이 받쳐 있는 듯, 답답하고 안타까운 심정들을 토로하는데, 이를 어찌할꼬...

이는 단지 잘못된 신앙의 문제 뿐만 아니라, 초등학생에서부터 젊은 청년, 그리고 70이 넘는 노 목사 부부(전 순복음 측 목사)에 이르기까지 그들의 인생, 삶이 달려 있는 문제였다.

신옥주 여사의 입에서 나온 한 마디 한 마디의 말에 그들은 인생을 걸었다. 그런데 그녀는 목사라는 타이틀을 가지고, 무속인 대동하고 피지 땅 풍수지리를 보았다. 소속 교회 김모 집사의 소개로 알게 되었다고 하는데, 그 무속인이 은혜로교회 신도들의 몸의 비틀어진 뼈를 1인당 5만원 씩 받고 맞춰주는 일도 해줬었기

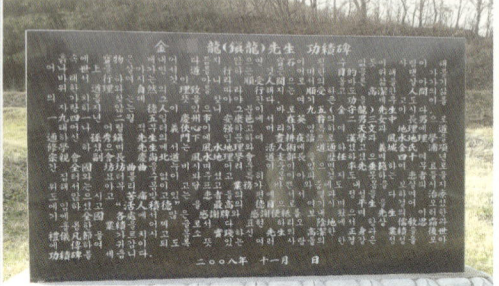

▲ 김O용 씨와 김O용 씨의 명함   ▲ 김O용 씨가 스스로 세운 공덕비

에 대부분 그에 대해서 알고 있었다.

3. 신옥주 측, 2014년 5월, 무속인 불러 피지 땅 풍수지리 봤다!

얼마 전, 은혜로교회 신도 수십여 명이 신옥주의 실상을 알고 이탈하였다. 그들의 증언에 의하여 신 씨가 무속인을 불러 피지 땅 풍수지리를 봤다는 사실을 알게 되었다.

그 교회 측에서는 2013년 5월 경부터 피지 얘기가 나왔다. 신씨의 아들은 이미 그곳에 가 있었고, 이후 나모 목사가 6월 경에 피지에 가서 개척이 시작됐다. 그리고 차츰 신도들의 이동이 있었고, 그 무렵인 2014년 5월 1~14일, 1일 인천공항을 출발해 피지 난디(NANDI) 공항에 도착하여 근 보름 동안 무속인을 대동하여 FIJI Grace Road 현지 땅을 봤다. 이를 신옥주는 공개적으로 강단에서 "지관(地官)29)을 불러 피지 땅을 봤다"고 말한 바도 있다고 한다. 비행기 표 예약도 은혜로교회 총무를 맡고 있는 이모 집사의 이름으로 되어 있다. 이후 신도들의 이주가 본격적으로 진행되기 시작됐고, 2015년까지 200여 명이 들어갔다. 그러니까 신도들의 대이동 전 풍수지리를 보았다.

---

29) 지관(地官, 풍수지리설(風水地理說)에 따라 집터나 묏자리 따위를 가려서 고르는 사람

▲ 김O용 씨 집안에 있는 자격 인증서, 상패들과 신문기사들 액자

무속인 김O용 씨(남, 75세)의 약력을 보면, (사) 경상북도 풍수지리학 도 지부장으로 1969년 풍수지리학에 입문하여 1991년 서울대학교 풍수지리 합격, 이후 각종 지방 신문과 방송에 소개된 바 있고, 스스로 자택 뒤에 공덕비를 세워놓기도 했다.

무속인 김씨, 은혜로교회 피지 땅에서 왕이 나올 것!

무속인 김O용 씨의 집을 방문했을 때는, 은혜로교회 신옥주 측으로부터 선물로 받은 신발 사이즈가 작아 막 교환해오는 길이었다. 집에 들어서자마자 묻지도 않았는데 자랑을 한다.

- ▶ 얼마 전, 피지 대통령의 초대를 받아 꼬박 보름을 다녀왔습니다.(신옥주 측이 부른 것을 과장되게 부풀려 얘기한 것이다.)
- ▷ (거실에 진열돼 있는 것들을 보며) 상도 많이 받으셨네요.
- ▶ 공덕비도 세웠습니다. 저희 집 뒤에 세워져 있습니다.
- ▷ 피지 대통령이 초대를 하셨다구요? 어떻게요?
- ▶ 그렇게 됐습니다. 우연찮게. 건물 지을 땅을 봐달라고 해서.
- ▷ 그러니까 건물 지을 땅의 풍수지리를 봐달라고 초청하셨다구요?

▲ 여권에 꽂혀 있던 비행기 표　　　　　　　　　　▲ 김○용 씨의 여권과 비자

▲ 김○용 씨와 집앞에 있는 성상과 왕(王)자

▶ 그렇지요. 통역사와 지도 보는 사람들 4명이 수행하고 다녔습니다.
▷ 은혜로교회 신옥주 목사 교회 아시죠?
▶ 네, 피지에서 같이 다녔습니다. 은혜로교회 신옥주 목사 측이 불러 같이 다닌 겁니다.
　건물 지을 땅을 봐달라고 하더라구요.
▷ 그런데 어떤 땅이었나요?
▶ 땅을 보더라도 농사 지을 땅은 아무거나 해도 되지만, 건물 지을 땅은 사람이 발을 딛고 살아야 하기 때문에 좋은 것으로 해야 됩니다.
▷ 무슨 건물을 짓는다고 하던가요?
▶ 교회도 짓고, 병원도 짓는다고 하더라구요.
▷ 그래서 좋은 땅이었나요?
▶ 네, 왕이 나올 땅입니다. 지도를 보면, 군함 모양입니다. 사람들이 많이 갈텐데...
▷ 신옥주 목사는 어떻게 알게 되셨나요?

▲ 김O용 씨 집 사방에 있는 왕(王)자들

▶ 그 교회 김O주 집사의 일을 잘 봐줬더니, 그것이 인연이 돼서 알게 됐습니다. 그리고 내가 환자를 많이 고쳐주었습니다.
▷ 뼈 맞추는 일이요?
▶ 네. 다녀온 후에 나를 또 데리고 가려고 불렀는데, 비행기 오래 타야 되고 피곤해서 못 간다고 했습니다.

무속인 김O용 씨의 여권과 비자를 확인했고, 여권에 꽂혀져 있던 비행기 표 조각을 확인했다. 은혜로교회 총무인 이모 집사가 예약한 것으로 나와 있었다.

이후 그렇게 자랑하던 공덕비가 세워진 집 뒤 터로 이동하였다. 실제로 가족묘와 함께 각종 비석들과 김O용 씨의 공덕비가 세워져 있었고, 사자상, 선비상이 둘레에 세워져 있었다. 더 놀라운 것은 김 씨의 집 지붕과 둘레 사방에

▲ 풍수지리 무속인 김O용 씨

▲ 은혜로교회 신옥주의 설교테이프, CD와 주보

온통 왕왕왕(王王王), 왕왕(王王), 왕(王) 비석이 세워져 있었다. 지붕 가장 높은 곳에 설치된 안테나엔 붉은색 페인트로 '王'자를 써놓았다.

그러니까 김씨는 자기 집 뿐만 아니라 은혜로교회 피지 땅에서도 왕이 나올 자리라고 스스로 주장하고 있는 것이다.

은혜로교회 피지 땅에서 왕(王)이 나올 자리라는 것에 대하여는 신옥주 씨도 직접 강단에서 공개적으로 자랑삼아 얘기했다고 한다.

삼상 28:6~9에 보면, 블레셋이 이스라엘을 치기 위해 길보아 전투 준비를 하는데, 사울은 두렵기만 했다. 그에겐 붙들 하나님이 없었기 때문이다. "사울이 여호와께 묻자오되 여호와께서 꿈으로도, 우림으로도, 선지자로도 그에게 대답하지 아니하시므로"(28:6)

그러자 엔돌에 있는 신접한 무당을 찾아가 무당에게 "여호와"의 이름을 걸고 맹세까지 할 정도로(28:10) 영적 분별력을 잃은 상태였다. 그야말로 하나님을 떠나 관계가 단절된 사람이 세상의 두려움에 온통 지배당하였을 때, 영적 간음도 서슴지 않으며 바닥을 치는 모습을 보인 것이다. 신옥주 씨도 매한가지이다.

5. 은혜로교회 신옥주의 핵심 이단사상 주장들

신옥주의 핵심 주장들을 보면,

- ☑ 전 성경은 방언으로 기록되어 있다. 방언은 통역을 해야 알 수 있다. 그 통역을 신옥주가 하고 있다.
- ☑ 하나님의 말씀이 신옥주의 입을 통해 나온다. 성령의 음성이다. 그래서 신옥주가 인봉된 성경을 열고 있다. 태초의 말씀이다.
- ☑ 천년이 하루 같으니 구약 4천년은 4일, 신약 2015년은 이제 3일째, 합해서 지금은 7일째다!
- ☑ 가을 추수기이다. 겨울은 심판기이다. 곧 때가 온다. 임박한 환란을 피하기 위해 예비처로 가야 한다. 그곳은 겨울이 없는 곳(바로 남태평양의 피지)이다.
- ☑ 지금 이 시대는 전 우주적인 대 속죄일 기간이다. 이 기간에 성령으로 영혼이 정결케 되어 그리스도와 동행하는 하나님의 아들들이 나타난다.
- ☑ (여기에 있으면) 베리칩, 666, 짐승표 받는다. 환란 대비처로 도망 가야 한다!
- ☑ 기성교회 목사들이 짐승표 주며 피바다 만들고 있다. 바벨론, 마귀의 처소이다!
- ☑ 하나님의 아들들과 예수의 육체가 통일되면 천년왕국 온다!
- ☑ 우리가 새 하늘과 새 땅 새 예루살렘 건축한다. (지상천국 주장인데, 신옥주는 천국과 천년왕국 각각 따로따로 있다고 주장한다.)
- ☑ 이 땅에서 육체가 죽지 않고 영생한다. 휴거 주장!
- ☑ 예수는 피조물이다!
- ☑ 공개 죄 자백!, 타작마당과 삭발(축귀 사역), 영혼 선재설 주장 등!
- ☑ 나(신옥주)를 천사의 측량하는 일꾼으로 쓰신다.
- ☑ 내가 성경에 천사로 예언됐다!

여기에서 무지한 신도들이 1차로 신옥주가 주장하는 방언이란 것에 한번 못이 박히게 되면 헤어나오지 못하게 된다. 이래서 유튜브를 통해 신옥주의 설교를 파고들게 되고, 짜맞추기 설교 그물망에 얽혀 사리 판단이 흐려지게 된다. 그리고 그 동안도 알려져 있던, 또한 공감하고 있던, 기성교회 관련 부정적 시각들과 함께 개혁이란 피치를 들며 점점 신 씨의 주장들에 세뇌되어

가게 되는 것이다.

신옥주, 환란(종말) 대비처로 도망 가야 된다! - 종말 마케팅!

신옥주 씨는, "우리가 왜 예비한 곳까지 도망을 가야 하나? 육체가 보존되고 악에 빠지지 않게 하기 위함이다. 인 맞은 144,000 안에 들어야 한다. 그래야 영혼육이 흠 없이 보전되어 그대로 살아서 간다. 그러려면 짐승표 받지 않도록 예비한 곳으로 도망가야 한다. 영혼성전 건축해야 한다. 새예루살렘 천년왕국이다. 우리 육체가 살아 부활하여 영원히 살 곳이다."[30]라고 하였다. 앞에서 언급한 바와 같이, 신옥주가 주장하는 방언이든, 종말(환란)이든 뭔가 한 가지에 박히게 되면, 신옥주의 말이 곧 하나님의 말씀으로 들리게 되고, 그 말에 복종하지 않으면 뭔가 큰 일이라도 날 것처럼 안절부절 못하게 된다. 그러니 이제 곧 종말이 오는데 재산이 무슨 필요가 있으며, 가족들의 반대가 무슨 문제가 되랴, 어서 빨리 그곳으로 대피해야 한다는 생각이 강하게 들게 되는 것이다. 이것이 세뇌된 상태이다.

그래서 재산 정리해 피지로 간 가정들을 보면, 대개 집이나 건물, 재산을 처분하고 그곳에 가서는 집단 공동체 생활을 하고 있다. 몇 억씩 갖다 바친 가정들도 있다. 이는 분명 종말 마케팅이다.

기성교회와 신도들 사이 이간질, 반(反)교회 감정 부추겨!

신옥주는, "지금은 설교를 할 때가 아니다." "새 방언을 말해야 될 때이다." 그것이 "새 예언"이라면서 얼토당토 않은 반 성경·반 신앙적 주장들로 신도들을 현혹하고 있다. 신옥주의 주장대로 그 새 방언이란 것이 신 씨의 입에서 나오는 말이요, 한국어라 한다면, 한국어를 모르는 외국인들은 어떻게 된다는 말인가? 신 씨가 주장하는 내용들은 대부분 짜깁기에 억지 주장들이다.

---

30) 신옥주의 설교, 십 사만 사천의 비밀 – 요한계시록 강해

"성령이 신옥주의 입을 빌어 말씀하신다. 그런데 지금 (기성교회) 강단에서 설교하고 있는 자들은 피바다를 만들어 다 죽이고 있는 것이다. 귀신의 처소 바벨론이다."[31]

"목사들이 짐승표 주고 있다. 어린 양의 말씀 따라 오는 사람, 영혼이 정결하게 된 사람들이 144,000 안에 들어온다."[32]

"130년 기독교 역사가운데 신앙생활 하다 죽은 사람들이 천국 갔다는 보장 있는가? 여러분은 지난 날 타 교회 다니다 죽지 않고 살아난 것만으로도 다행인 줄 알라. 예수의 이름 사용하는 자체가 영원한 결박이다. 왜? 예수 이름 사용하면 천국 가는 줄 알고 착각하는 것이다. 지금은 여호와의 날, 인자의 날, 심판의 날이다. 타 교회 사역자들은 타락한 천사들, 이성 없는 짐승, 마귀들이다. 지금 기독교는 분명치 않은 나팔을 불고 있다. 여러분을 죽일 것이다. 그들에게서 돌아서야 한다."[33]

세뇌되어 분별력을 잃은 신도들은 이런 말을 들으면, 이제는 기성교회 목사들이 원수처럼 보이게 된다. 쳐 부셔야 할 악한 집단, 그곳에 있는 사람들을 빼내야 한다는 생각이 들게 된다. 때문에 공개적으로 인터넷 동영상을 통해 "여러분, 귀신의 처소 바벨론에서 속히 나오라!" 외치고 있는 것이다.

신씨는 계속해서, "고후 11:1~3에서, '진리의 영과 미혹의 영의 분별'이란 제목의 설교를 하며, 내가 그리스도를 향한 진실함과 깨끗한 마음이 되도록 8년 째 여러분을 그리스도의 정결한 처녀로 중매한 것은 증명된 사실이었다. 그 누구도 아니오 할 수 없을 것이다. 죄를 책망했고, 여러분의 영혼을 정결하게 하기 위한 모든 방법을 다 동원했다. 그래서 전대미문의 사건이 있었다. 여기는 절대 다수가 10년 이상 신앙생활을 한 사람들이다. 다른 교회 다니다 온 사람들, 지금까지 영혼을 위한 말씀을 들어본 적이 있는가? 사기 치는 말만 들었지, 거짓말만 들었지. 그러나 저는 확실히 여러분의 영혼을 그리스도께 중매했다. 인정하는가? 은혜로교회에서 전하는 말씀은 진리이다. 전 세계의 유명하다는 목사들의 설교는 얼마든지 들을 수 있고, 책도 많이 있다. 그렇다면 지금까지 성경적인 진실이 드러났는가? 아니다. 그래서 기독교 130

---

31) 신옥주 설교, "방언으로 성령의 음성을 듣는 법"(행 1:15~)
32) 신옥주 설교, "방자한 선지자는 죽임을 당하리라"
33) 신옥주 설교, "짐승의 비밀"

년 동안 허위, 거짓을 전한 것이다. 하나님의 생각과 사람의 생각은 반대이다. 은혜로교회의 말씀은 하나님의 뜻을 드러낸 것이다."[34) 여기에서 신도들의 자긍심은 극치에 달해 모두들 아멘!을 외친다.

그러나 아무리 아멘을 외쳐도 신도들을 움직이는 신옥주는 무속신앙에 의존한 사람이다.

8. 신 씨, 예수는 가장 첫째 피조물이다!

경기도 용인에 있던 은혜로교회가 과천으로 이전해온 때가 2013년이다. 이전 후 1년이 지난 2014년 경부터 신씨는 '예수님 피조설'을 얘기했다. 예수는 하나님의 아들, 자기들은 하나님의 아들들. 그러니까 동격(인성)으로 취급한 것이다. 그런데 인성인 예수는 죽으셨으나 자기들의 육신은 죽지 않는다고 한다. 무슨 의미이겠는가?

예수는 인성, 그 인성 속에 감추어진 비밀이 신성이다. 그 신성이 드러난 것이 그리스도다. 하나님의 아들들인 자신들도 영혼이 이미 태초부터 존재했었고, 신씨는 태초의 음성, 그 말씀을 끌어와 전하고 있는 자로 성경에 이미 천사로 예언돼 있는 자라고 한다. 그래서 그 말씀을 받아야 하나님의 아들들이 된다는 것이다.

바로 신씨 신격화와 환란(종말)이 오면 자기들만 살아남고 육체영생 한다며 선민의식 고취시키고 있는 것이다.

신씨는, "하나님의 창조물 중에 가장 첫째 창조물은 누구인가? 예수님이다. 독생자 외아들이잖아. 그리고 그 이전에 계신 분은 신성인 그리스도다." "영이신 그리스도는 안 보인다. 우리도 주님을 닮은 거다. 그래서 우리 속에 혼이 있다. 그런데 아들이니까 육체를 입고 이 땅에 오시게 한 것이다. 그 보이는 육체 속에 신성이 숨겨져 있었다. 성경도 육의 눈으로는 볼 수 있지만 신성은 감추어진 비밀이었

---
34) 신옥주의 설교, 진리의 영과 미혹의 영의 분별(요일 4:6, 고후 11:3)

다. 그것이 드러난 것이다."35)라고 했다.

그렇다면, 빌립보서 2:6~7, "그는 근본 하나님의 본체시나 하나님과 동등 됨을 취할 것으로 여기지 아니하시고 오히려 자신을 비어 종의 형체를 가져 사람들과 같이 되었다." 이 말씀은 뭐라고 해석할 것인가? 예수 그리스도는 성육신 하심으로 형체는 사람과 같이 되었어도 본체는 조금도 변화가 없으시다. 즉 하나님의 내적 신분 곧 존귀와 영광을 내놓으시고 사람과 같이 되셨다. 사람과 같이 되셨다는 말씀은 하나님이시며 동시에 죄의 성질이 없는 사람이심을 가리킨다. 그러니까 성자께서 인성을 취하사 하나님이 사람으로 되신 것이 아니라, 신인(神人)이 되신 것을 가리킨다. 육신의 몸으로 오셨으나 무죄하신 분이시다. 구원 받았으나 여전히 불완전한 우리 인간과는 비교 불가하신 분이시다.

신옥주 씨는 예수 그리스도를 모르는 사람이든가, 믿지 않는 사람이든가, 무지한 사람이다.

---

35) 신옥주의 설교, 2014년 4월 15일, 만물 속에 감추어진 하나님의 신성

▼ 피지에서 농사짓고 있는 신도들

▲ 남태평양의 섬 피지에서 농사짓고 있는 은혜로교회 신도들

9. 신옥주, 내가 인치는 자이다!

신씨는 자신이 인치는 자라 한다. 이 또한 본인을 신격화 하는 주장이다. "영원히 죽지 않고 살아가게 하기 위해 인을 치는 것이다. 진리의 성령을 받는 것이 곧 인을 치는 것이다. 주님이 오실 때까지 영육을 보전하기 위함이다." [36] 라고 주장했다.

10. 예수나 우리나 모두 하나님의 영을 받은 자들이다!

"하나님의 영은 육체로 오신 예수이다. 우리도 영이고, 말씀도 영이다. 지금 이 시대는 진리의 성령이 역사하는 시대이다. 지금 다시 예언하는 이 말씀이 진리의 성령 받게 하는 것이다. 곧 우리는 하나님의 영을 받은 자들이다." [37] 그러니까 신씨의 입에서 진리의 성령이 나가 그것을 받아 믿고 따라가야 하나님의 아들이 된다는 것인데, 결국 진정 구원을 받으려면 신씨의 말을 듣고 믿어야 한다는 주장이다.

---

36) 신옥주의 설교, "서머나교회의 결말"
37) 신옥주의 설교, "서머나교회의 결말"

11. 측량 거친 자들이 144,000, 천년왕국에 들어간다. 신옥주, 내가 측량하는 자이다!

신옥주는, "요 11:17에서, "예수께서 와서 보시니 나사로가 무덤에 있은 지 이미 나흘이라" 이는 나사로가 죽은 지 4일 째, 구약 4천년을 의미한다. 지금 기독교인 99%가 마지막 날 부활하여 다시 사는 것으로 알고 있다. 전부 마르다 수준이다. 마지막 날 천국에 가서 그때 산 줄 안다. 아니다. 인침 받은 144,000은 큰 틀로는 하나님의 말씀 때문에 순교한 자들로 첫째 부활체들이다. 변화체 된 우리들보다 그들이 먼저 부활한다. 그런데 우리는 육체가 살아 있으나 그들은 육체가 한번 죽고 나중에 실제 부활할 것이고 그래서 천국에 가는 것이지만 우리는 천년왕국에 간다. 이 차이는 바로 천년의 차이가 있다. 그런데 그 부활은 반드시 순교해야 한다. 우리는 육체가 살아 있을 때 영혼이 부활한다. 이것이 첫째 부활이다. 도의 초보를 벗어난 자들이다. 겔 18:28, "… 반드시 살고 죽지 아니하리라" 이 예언이 우리에게서 이루어질 것이다. 이것이 인 맞은 144,000이다. 주님 오실 때까지 살아서 보전된다.

죄악에서 떠나게 하는 지금이 대속죄일이다. 이미 천사의 측량을 다 거친 사람들이다. 문자적으로 말하면, "나를 천사의 측량하는 일꾼으로 쓰시는 것이다." 그리고 "타작마당을 통해 타작하기도 하면서 측량하는 것"이다. 택한 자녀들만 인친다. "측량받은 자들은 살아서 들어간다." 이는 천국에만 가는 사람도 모르고 교회 안의 불택자들도 모른다. 그들은 육체가 죽어 지옥에 가서야 깨닫는다. 측량받은 자들은 여호와의 성곽 안에 들어온다."[38] "겔 43:10, "인자야 너는 이 성전을 이스라엘 족속에게 보여서 그들이 자기의 죄악을 부끄러워하고 그 형상을 측량하게 하라" 지금 이 시대는 내가 줄로 여러분을 재는 것이다. 하나님의 말씀으로 잰다. 인자의 날에는 교회가 죄악에 빠져 있다. 그러나 말씀을 들이대서 재야 한다."[39] 즉, 신옥주의 측량을 거쳐야 종말 환란 때에 살아남는다는 주장이다. 과거 신씨는 이단 장막성전도 분별 못했고, 생명의 성령의 법 이

---

38) 신옥주의 설교, "서머나교회의 결말"
39) 신옥주의 설교, 감추인 것이 모두 드러나는 때(1) 측량하는 자

상관 세미나에도 기웃거렸으며, 지금 피지에서 재배하려고 하는 크나프라는 식물의 씨앗도 최모 박사에게 배나 비싸게 구입했고, 전업 농부 한 사람 없는 신도들에게 습지대에 황토밭인 땅에 고가의 중장비, 농기계 갖다 놓고 농사 지으라 하고 있다.

12. 신옥주, 내가 진리의 성령 받게 한다!

"계 7:2, "다른 천사가 살아 계신 하나님의 인을 가지고 해 돋는 데로부터 올라와서" 우리가 다른 천사에 해당한다. 영원한 복음을 들고 있는 것이다. 진리의 성령 받게 하고, 지금 무슨 음성을 듣게 하고 있는가? 진리의 성령, 즉 하나님의 음성을 듣고 있는 것이다. 이 하나님의 음성(신씨 입에서 나온 말)을 듣게 되면 영원한 복음, 하나님의 인을 가지고 해 뜨는 곳에서 올라온다. 우리나라가 동방의 해 돋는 곳이다. 셈족이다. 지금 여러분 이마에 인 치는 것이다. 머리가 그리스도가 되도록. 진리의 성령 받도록! 말씀을 던져 악인은 떨어트리고 의인만 남는 게 인 맞은 144,000 안에 들어간다. 측량한 것이다."라면서 자신의 말을 들어야만 성령받고, 구원받는다는 주장이다. 신격화다.

13. 신옥주 - 낙원, 천국, 천년왕국 정확한 의미 몰라!

신씨는, "히 11:6, 믿음은 말씀을 믿는 것을 말한다. 상은 천국에 가서 받는 것이 아니다. 천국은 말 그대로 동일하다. 모든 사람이 동일하다. 상을 받고 누리는 것은 천년 동안 땅에서, 신천신지에서 누리는 자들이다. 천국에만 갈 자는 부활을 못한다. 영혼이 낙원에 있다. 육체가 부활하지 않는다. 천년왕국 끝난 후 백보좌 심판대 앞에 섰을 때 그들도 부활한다. 부활이 다르다. 천년왕국에 들어가는 것이 상이다."[40]라고 했다. 그러면 낙원, 천국, 천년왕국이 각각이라는 것인데, 도대체 죽으면 몇 군데로 간다는 말인가, 뜻도 의미도 모른 채, 단어, 문자

---

40) 신옥주의 설교, 십 사만 사천의 비밀(5)

만 가지고 헤매고 있다.

14. 영혼 선재설 주장!

"인간의 혼이 창세 전부터 있었다. 창세 전에 그리스도의 신성인 영과 우리의 영이 같이 있었다."[41]고 한다.

이 영혼 선재설은 사람이 하나님의 형상대로 지음 받았다는 창조 기사에 직접적으로 충돌된다. 사람은 모태에 잉태되기 전에는 아무것도 존재하지 않았다. 영혼이 선재했다면 영혼이 이 세상에 들어오기 전의 일들을 회상할 수 있어야 할 것이 아닌가? 그런데 우리는 이 세상에 태어나기 전 전세(前世)의 일들을 전연 알지 못한다. 인간 기원의 단일성도 파괴한다. 그러므로 성경에 위배되는 사상이다.

15. 신옥주, "성경은 방언이다. 통역을 해야 알 수 있다. 내가 통역자다!"

"구약은 히브리어, 신약은 헬라어로 각기 다른 방언으로 기록되었다. 그래서 성경적인 방언 통역이 있어야 한다."[42]면서 지금은 신씨의 입에서 새 방언, 새 예언이 나온다고 한다. 이런 하찮은 주장에 현혹되지 말자.

한 발짝만 뒤로 물러나 신씨의 주장들을 살펴보라. 여러분의 영혼과 삶을 맡길 만큼 가치있는 주장들이나 말들인가? 하나님께 예배하는 그 시간에, 윽박지르고, 여과없는 비속어 남발에 공개재판 식 책망... 여러분이 삭발을 한 만큼 신씨도 삭발을 했던가? 가정까지 내팽개칠 정도로 도망쳐야만 했던 이유가 단지 종말 때 살기 위해서라면, 우리가 믿는 하나님이 단지 피지에만 계시겠는가...

---

41) 신옥주의 설교, 혼의 존재 - 창세 전부터(1)
42) 신옥주의 설교, 2015년 9월 17일, 마 13:31 이하 본문으로

16. 신옥주의 자의적 성경해석의 예

신옥주의 설교, 박사의 비밀(3) - 눈을 감은 자(겔 28:~)에서 정리

	성경적 의미	'배'에 관한 성구	신옥주의 주장
1	(온 몸을 제어하는 입, 배를 움직이는 사공) 즉, 혀의 능력에 대해 비유	약 3:4, "배를 보라 그렇게 크고 광풍에 밀려가는 것"	배는 교회를, 사공은 지도자를 의미한다.
2	탈출 가능성이 배제된 상태로 애굽으로 끌어가실 것을 의미	신 28:68, "여호와께서 너를 배에 싣고 …애굽으로 끌어 가실 것"	여호와께서 너를 배에 싣고! 이렇게 정확하다. "교회에서"라는 말이다.
3	물 심판 암시 *잣나무는 선박, 성문, 관을 만들 때 쓰였다	창 6:14, "너는 잣나무로 너를 위하여 방주를 만들되"	방주는 교회이다. 방주를 잣나무로 만들라고 하셨다. 잣나무는 그리스도의 신성을 의미한다.
4	회개의 응답으로 하나님의 보호와 번영 약속	호 14:8, "나는 푸른 잣나무 같으니 네가 나로 말미암아 열매를 얻으리라"	하나님의 이야기이다. 열매는 그리스도의 신성을 의미다. 그러니까 예수 그리스도의 모형이다. 그래서 교회 꼭 잣나무로 만들어야 한다. 그래서 노아의 방주를 잣나무로 만든 것이다.
5	현숙한 여인은 가정을 위해 경제적인 문제까지 깊이 생각하고 신중하게 행동한다. 상인의 배는 상업을 위한 상선을 말한다.	잠 31:10~14, "누가 현숙한 여인을 찾아 얻겠느냐…상인의 배와 같아서 먼 데서 양식을 가져 오며"	현숙한 여인을 교회 안의 지도자로 비유하였다. 그래 교회 안의 지도자는 현숙한 여인이다. 남자라도 현숙여인이다. 왜냐하면 자식을 낳기 때문이다. 14절의 먼서 양식을 가져왔다는 것은 영원 전부터의 말씀을 가왔다는 것이다. 우리가 바로 먼 데서 양식을 가져왔다. 세상 창조 전에 성부 하나님의 계획을 가져온 것이다.
6	두로가 자랑하던 견고한 성이 여호와의 심판으로 파괴될 것을 예언	사 23:14, "다시스의 배들아… 견고한 성이 파괴되었느니라"	다시스의 배를 방언 통역하면 세월호를 의미한다.
7	제자들과 갈릴리 바다 저편으로 건너가기 위해 배를 타신 것이다.	마 8:23, "배에 오르시매 제자들이 따랐더니"	주님이 어디에 오르셨나? 배! 바로 교회를 의미한다.
8	하나님을 떠나 자신의 의지대로 살고자 했던 이스라엘 백성을 비유	시 107:23, "배들을 바다에 띄우며"	배들을 어디에 띄우고? 바다에! 그렇지! 배는 교회이다.
9	밤은 물고기 잡기에 가장 좋은 시간이다. 낮에는 배 그림자 때문에 고기들이 도망치기 때문이다. 제자들로 하여금 말씀에 의지하여 구령사업을 온전히 감당해야 함을 명심하도록 가르쳐주신 것이다.	요 21:3, "배에 올랐으나 그 날 밤에 아무 것도 잡지 못하였더니"	베드로가 밤에 바다에 물고기 잡으러 갔다가 못 잡은 으로만 알았는데, 영적으로는 우리가 지난 날 영적인 에 깊이 잠 든 때가 밤이다. 택한 주의 종은 택한 주 백성들을 건진다. 바로 이 얘기이다. 우리도 지금 배른 편에 던지고 있는 것이다. 의인들 근처에. 이는 마막 때 있을 일이다.
10	성전 건축 이후 솔로몬의 최대 사업이 선박 제조업이다. 대외 무역을 위한 것이다.	왕상 9:26~28, "솔로몬 왕이 에돔 땅 홍해 물 가의 엘롯 근처 에시온게벨에서 배들을 지은지라"	솔로몬이 만든 배는 마지막 7째 날, 교회의 모델이다.

▲ 남태평양의 섬 피지에서 농사짓고 있는 은혜로교회 신도들

17. 성경에 내(신옥주)가 천사로 예언돼 있다!

신옥주는, "천사는 사람이다. 여러분은 지금까지 평생 천사에 대해 잘못 알고 있었던 것이다."[43]라면서, "내가 성경 보는 시각으로, 모든 문체나 정황으로 보아" 이렇다면서 자기 멋대로 성경을 해석한다.

"계 18:1에서, "이 일 후에 다른 천사가 하늘에서 내려 오는 것을 보니" 천사는 여기에서 '다른 천사'는 바울이다. 왜냐? 그 시대에 12사도보다 다른 천사 역할은 누가 했을까? 바울이다. 12사도도 천사의 역할을 하였다. 육체로 오신 예수는 33년으로 끝났다. 그러나 신성인 그리스도는 영원히 계신다. 육체 속에 감추어진 그리스도가 드러나야 비밀인 신성이 드러나는 것이다. 그래서 하나님의 비밀이라고 한다. 그러니까 누구를 전해야 하나? 신성인 그리스도를 전해야 한다.

계 14:6에서 힘센 다른 천사가 영원한 복음을 가졌다고 했다. 이는 앞으로 주님 재림 때까지의 일을 예언한 것이다. 그래서 나(신옥주)도 여기에 들어갈 수 있고, 지금 다시 예언하는 주의 종이 모두 여기에 들어간다. 마지막 재림에 대해서… 힘센 다른 천사는 천사 역할을 해주는 자를 말한다. 날개 달린 천사를 말하

---

43) 2011년 4월 14일, 신옥주의 대구 목요강의 - 천사론(히 1:1-14)

는 것이 아니다. 그러니까 계 21:17에서, 사람의 측량 곧 천사의 측량이라고 했다. 천사는 확실히 사람이다. 영적으로 말하면 날개는 예수 그리스도의 이름이다. 예수 그리스도가 우리의 날개이다. 하늘나라 사람이니까 우리가 날아다닌다고 했다. 사람을 비둘기에도 비유했다. 말씀을 전하는 주의 종들이 누가 될 줄을 모르니까 천사로 표현한 것이다. 그래서 천사라고 기록한 것이다." [44]

거두절미하고 평가할 만한 가치도 없는 주장이다. 어찌 이런 엉터리 주장에 아멘! 하고 앉아 있는가? 길거리 지나가는 유치원생 붙잡고 얘기해보라. 지금 이 소리가 무슨 소리인지...? 그럼에도 이런 말에 넘어가는 신도들은 또 뭔가?

은혜로교회 이숙희(가명) 신도

"지난 날, 천사라고 하면 하얀 날개가 달린 하나님의 심부름꾼인 천사로 알았다. 이와 같이 나는 영적인 깊은 잠에 빠져 있었고, 성경과 다른 거짓말 하는 마귀 사단인 목사들에게 속았었다. 성경에서 천사는 사람인 것을 알게 되었다. 천사는 오늘 날 하나님의 말씀을 전하는 목사이다. 그리고 마귀는 다른 말씀을 전하는 자들이다." [45]

오로지 한글 성경만 보며 자기 멋대로 해석한 결과이다. 문자적으로만 해석한 것 뿐만 아니라 문자도 제대로 이해하지 못하고 해석해버린 경우들도 허다하다. 앞뒤 문맥 살피지 않고, 시대 배경도 모르고, 오로지 글자만 가지고 자기 입맛대로 해석한다.

신도들, 마귀집단(기성교회)에서 나와 육체영생 얻으라!?

은혜로교회 이모 집사

"20년 동안 귀신의 종노릇했다. 정신과 치료를 받은 바도 있었다. 남편에게 이혼당하고 집에서도 쫓겨났다. 여기저기 이단집단에 다녔다. 종말에 대한 의문이 풀리지 않

---

44) 신옥주의 설교, 귀신의 처소 – 바벨론(!) (계 18:1~3)
45) 은혜로교회 이○순의 유튜브 동영상

았는데, 신옥주의 설교를 듣고 깨달았다"며 기성교회는 짐승의 표를 나눠주고 있다고 했다.

은혜로교회 정모 집사
"기성교회는 귀신의 집, 바벨론, 행악자, 음란한 곳이다. 지금은 다른 예언의 말씀이 전해져야 한다. 지금은 대속죄일 기간이다."

대전 어느 교회 목사 사모
교회 명과 담임 목사의 이름을 구체적으로 명시하며 남편의 설교가 만족을 주지 못했다면서 남편을 사랑하기에 사모직을 마다 하고서라도 길거리 시위를 하고 있다고 한다.

재산을 처분하고 피지로 떠난 이모 집사의 고백
"사건 사고로 세상의 많은 사람들이 죽어가는 것을 보고 과연 하나님이 살아 계신가 의구심이 들었다. 구원의 확신도 없었다. 친척의 권유로 유튜브를 통해 다시 예언되는 말씀을 들었다. 성경을 일일이 찾아 보며 들었다. 이전의 말씀과는 반대였다. 살아서 나를 믿는 자는 영원히 죽지 않는다고 하신 말씀은 큰 충격이었다. 구약에도 육체가 죽지 않은 선지자들이 있었다. 그런데 왜 육신이 죽어야만 할까? 하나님은 예수님만 대신 죽으시고 하나님의 아들들은 육신이 죽지 않게 된다는 것을 알았다. 이는 생전 처음 알게 된 사실이다. 부디 하나님의 아들들이 되어 영육의 죽음을 맛보지 않길 바란다."며 울먹였다.

필자는 지방에 있는 위의 집사 가족들을 만났다. 아무 말 없이 피지로 떠난 동생이 수개월째 연락 두절이라고 한다. 아이들까지 피지로 가기 위해 학교를 자퇴, 휴학한 상태이다.

이유 불문하고 구원의 방도와 지역을 한정하는 것은 온전한 신앙이 아니다. 분명코 신옥주의 입에서 성령의 음성, 말씀이 나가는 것이 아니다! 진정한 주의 종이라면, 전용 미용사가 따라다니며 바람에 날린 머리, 스프레이 뿌려가며 정리해주지 않고, 신도들이 졸졸졸 따라다니며 신발에 묻은 흙 털어주고 하지 않는다.

사 51:12에, "너희를 위로하는 자는 나여늘 너는 어떠한 자이기에 죽을 사람을 두려워하며 풀같이 될 인자를 두려워하느냐"고 하셨다.

학교 휴학한 고3 학생, 타작 받지 않은 것 회개?

유튜브 동영상을 통해 공개 죄 자백한 고등학교 3학년 남학생의 고백이다.

"타작마당에 나가지 않은 것이 멍청한 생각이었고, 교만했었다. 이렇게 공개적으로 죄를 자백할 수 있는 기회를 주신 것이 진심으로 은혜라고 생각한다."

신도들은 이렇게 공개적으로 죄를 고백하면 안에 있는 귀신이 나간다고 믿고 있다. 아니다. 죄 회개는 고백보다 실천이 더 중요한 것이다. 공개하든 공개하지 않든 우리 인간은 끊임없이 자범죄와 싸워야 한다. 그것이 인간의 한계이다. 동영상을 통해 공개토록 하는 건 인권유린이다.

▲ 피지에 있는 신옥주의 집(풀장이 있는 저택)

▼ 피지 은혜로교회의 농업 현황

미생물 배양액 관주

토양기반 조성 액비 관주
- 생강밭에 관주
- 관주 거리는 양폭 이랑' 사이 30cm 간격, 깊이는 20~30cm, 이랑 위에도 살포함.
- 차후 싹이 난 후 한달 이상 경과 상황 지켜 본 후 토양 기반 조성 액비를 엽면 시비 하고 토양 표층에도 살포 할 계획임.

토지/택지 현황

농림부 인원 현황

➤ 총인원: 60명   2015.08.25현재

구분	행정	중장비	논농사	밭농사	목섬	나우소리	합계
남	3	3	12	11	2	6	37
여				14			14
합계	3	3	12	25	2	6	51

- 농림부 현재 총 인원은 51명임.
- 농업 관련 학과 전문대졸 이상 인원(농업에 종사하진 않았음) ➔ 1명
- 입국 전 농사 유 경험자(전업 농부는 없었음) ➔ 10명 내외
- 나머지 인원은, 농업 경험 전무함.
  우리 모두는 농업이 우리 모든 활동의 기본이고 기반임을 온전히 이해하고 있음. 따라서 선교지로 입국하는 즉시
  ➔ 1차 농림부에 배속하여, 농업에 대한 기본을 익히게 하고,
  ➔ 2차 본인의 경험을 참조, 적정한 업무에 배치해 나가고 있음.

작목별 생산 계획서

조	작목명	적정지역	파종후수확시기	목표수확량 (Kg/주)	년간재배량 (Kg)	평담재배량 (Kg/평)	필요재배면적 (평)	평담식재수량 (주/평)	년간경작횟수	경작평수	윤작평수	총필요평수
1조	수박		1~2월 계절성	100	5,500	10.0	550	2	2	275	138	413
1조	양배추			170	9,350	45.0	208	10	3	69	23	92
1조	양상추		50일~70일 (여름)	75	4,125	10.0	413	50	3	138	46	183
1조	참외		1~2월 계절성	100	5,500	10.0	550	5	2	275	138	413
1조	청경채		65일~70일 (20일 유묘)	380	20,900	10.0	2,090	90	3	697	232	929
1조	파	중앙로	60일~90일	130	7,150	25.0	286	300주/평	3	95	32	127
1조 요약												2,157
2조	달로		8개월	200	11,000	10.0	1,100	10	2	550	275	825
2조	당근			130	7,150	5.0	1,430	60	2	715	358	1,073
2조	부추			60	3,300	10.0	330	300	4	83	21	103
2조	상추	하우스	50일~70일	80	4,400	8.0	550	50	4	138	34	172
2조	토마토	하우스	70일~90일 (5주간수확)	130	7,150	10.0	715	3	3	238	79	318
2조	풋고추	하우스	70일~120일 (여름)	80	4,400	10.0	440	10	3	176	70	246
3조	매운고추			30	1,650							
4조	피지고추			30	1,650							

제2장 은혜로교회 신옥주...

20. 신옥주, 아들 예수 그리스도와 우리의 육체가 하나가 되는 때가 천년왕국이다!

경기도 과천 은혜로교회는 주일예배 시, 피지에 있는 신옥주의 설교를 동영상으로 시청하며 예배를 하고 있다. 신 씨는 자신의 설교를 방언 통역이라 했다.

"진리의 영과 미혹의 영의 분별" (요일 4:6, 고후 11:3)**이란 제목으로**,

"방언 통역 하는 것이다"면서, "전 7:27에서, '낱낱이' – 그때 당시에 솔로몬은 낱낱이 살피지 않았다. 방언 통역을 하면 우리의 이야기이다. 신약도 없는데? 그때 때를 따라 살핀 것이다. 그런데 지금 내가 실상을 이루고 있다. 낱낱이 살피고 있다. 지금 내가 실상으로 창세기부터 요한계시록까지 낱낱이 파헤치고 있다. 영적으로, 육적으로 통으로 전체를 다 보고 있다.

엡 1:3~10에서, 신령한 복은, 영육이 통일된 것이다. 순교자들은 깨닫지 못했으니 피를 신원해달라고 하고 있다. 영혼이 신령하면 육체가 신령하고, 영혼이 죽지 않으면 육이 죽지 않는다. 이 말씀을 우리가 이루고 있는 것이다. 영원 전부터 우리는 계획 안에 있다. 만세 전에 정하셨으니 헤어지면 안 된다. 우리는 태초부터 있었다.

엡 1:10, "하늘에 있는 것이나 땅에 있는 것이 다 그리스도 안에서 통일되게 하려 하심이라" 이는 다시 말하면, 아들 예수 그리스도와 우리의 육체가 하나가 되는 때가 천년왕국이다. 그러니까 솔로몬이 전도서 7장에서 낱낱이 살핀 것이 아니다. 낱낱이 살핀 것이 지금이다. 그러니, 전 7:27도 우리가 기록한다.

지금 성부 하나님 우편에 계신 분이 예수 그리스도이시다. 그분의 생각이나 우리의 생각이나 같다. 그래서 그분도 육체를 입고 우리도 육체를 갖고 땅에 와서 우리가 그리스도로 더불어 통일되어 왕노릇하는 것이다. 엡 4:5~6, "주도 한 분이시요 믿음도 하나요 세례도 하나요 하나님도 한 분이시니 곧 만유의 아버지시라 만유 위에 계시고 만유를 통일하시고 만유 가운데 계시도다" 이렇게 통일되었을 때가 낱낱이 살핀 것이다. 요한2서 4절, "오직 처음부터 우리가 가진 것이다. 그러니까 하나님의 음성을 알아 듣는다. 이것이 태초의 음성이다."[46]라고 했다.

고려할 가치도 없는 반성경적 주장이다. 굳이 의미를 부여하지 않아도 될 부속사까지 꼬투리 잡아 되지도 않는 논리 펴가며 성경을 갈갈이 난도질 하고 있는 것이다.

 21. 종말 공포 조장, 신도 200여명 피지행! 가정파탄 심각!

지난 12월 27일 주일, 신 씨는 "진리의 영과 미혹의 영의 분별"(요일 4:6, 고후 11:3)이란 제목의 설교를 시작하기 전, 세계에서 일어난 일을 광고한다면서 종말 공포 조장 내용들을 열거했다.

신씨는, "12월 21일, 인도네시아 보르네오 섬에서 규모 6.0 지진이 발생했고, 22일에는, 한국 전북 익산에서 규모 3.5의 지진이 발생했는데, 그 주변 거의 다 흔들렸다고 한다. 올해 들어 두 번째 큰 지진이다. 이제 우리나라도 지진에서 자유로운 나라가 아니다. 26일에는 아프카니스탄에서도 규모 6.2의 지진이 일어나 30여명의 부상자가 나타났다. 이런 지진은 감사하게도 대도시에서 일어난 것이 아니라 해역이 아니면 오지에서 일어나게 하나님이 하고 계신다. 깨닫게 하시려는 것이다. 지진 나는 거야 매주 나는 거니까 예사로 듣고 지나가면 큰일 난다. 21세기인 지금은 다르다. 그 다음에 IS가 백지 여권 수 만 개를 확보했다고 한다. 이를 이용해서 난민으로 위장해 조직원들을 유럽이나 아시아 등 전세계에 침투시킬 우려가 있어서 세계의 뉴스거리가 되고 있다. 그리고 IS가 포로들을 잡아서 그 포로들의 장기를 적출해도 된다는 법을 재정했다고 한다. 그들은 점점 더 짐승인 것이다. 그 다음 우간다에서 어느 경찰이 기독교로 개종한 것 때문에 지역 주민들에게 살해를 당했다고 한다. 세계에서는 이렇게 기독교인들이 핍박을 당하고 있는데, 우리나라는 잠잠하니 아무 감각이 없고 정신을

---

46) 신옥주의 설교, 진리의 영과 미혹의 영의 분별(요일 4:6, 고후 11:3)

▲ 피지의 은혜로교회 식당

못 차리고 있다. 12월 23일 미국 중남부를 토네이도가 휩쓸었다고 한다. 수 십 톤 되는 트레이너도 넘어졌고, 나무도 뿌리채 뽑혔다. 그래서 미시시피주에서는 비상사태가 선포되었고, 콜롬비아 등 남미 곳곳에 물난리가 나는 등 기상이변이 속출하고 있다. 미국에는 83년 만에 제일 무더운 크리스마스를 보냈다고 한다. 그래서 미친 크리스마스라고 한다. 이런 현상이 왜 일어날까? 단순이 엘리뇨 현상으로 인한 기상이변이 아니다. 지금 우리가 있는 피지는 1월부터 3월까지가 가장 더운 시기인데, 우리가 일하고 있는 곳에는 시원한 바람이 불어서 덥지가 않다. 바로 징계를 받아야 될 사람들이 있는 곳에는 기상이변이 일어나지만, 우리 하나님의 아들들이 있는 곳에는 가장 적합한 날씨를 주신다. 지금 여기는 우기이다. 제일 더운 때이다. 그런데 덥지가 않다. 하나님은 사랑이 많으신 분이다. 너무나 미친 짓거리를 하는 여러분을 위해서 하나님이 하시는 일이... 참, 제발 미친 짓거리 그만 해라! 제발!... 농장팀, 농업팀, 레스토랑 팀 제대로 말씀 듣고 있는 건가? 일어나봐, 졸려서. 말씀 듣고 있는 건가? 이 멍청한 다른 사람들은 못한다고 해도 여러분 만이라도 군사가 되라! 다른 사람들은 멍청해 가지고, 우째 그리 멍청한지... 앉아!"

이것이 은혜로교회의 현 실황이다.

설교를 들어보니, '허위'에 대한 성경적인 방언 통역[47]을 해본다면서, 시 109:2에서, 거짓된 혀라고 했다. 부정행위이고 사기이다. 이후 잠언, 예레미야

---

[47] 신씨는 자신의 설교를 '방언 통역'이라 한다.

와 이사야 28:15 등 '허위' 라는 단어가 있는 성구 찾아 짜맞추기 한다.

  신도들 이름 불러가며 잘 한다 못 한다 책망 일관, 자신이 징계하고, 잘 하면 징계에서 풀어준다고 한다. 강단에서 신도들 향해 "정신 나갔다," "미쳤다," "미련하다." "내가 징계했다."는 등 속어를 여과 없이 사용하였다. 자신들이 있는 곳은 말세 환란을 면할 수 있다는 등. 이는 종교(신앙)를 이용한 사기 행각이나 마찬가지이다.

 22. 신옥주, 피지에서 신천신지 건축된다 주장!

  2015년 12월, 신옥주의 설교 실황이다. "성전 건축은 여기(피지)에 와서 해야

▼ 피지의 은혜로교회 식당과 메뉴판

▲ 피지의 은혜로교회 식당

한다. 새 하늘과 새 땅이 우리를 통해 건축될 것이다. 실컷 하나님의 음성 들려 줬더니, 하나님의 음성을 중간에 가로채서 나와 통화한 것을 모두 녹음해가지고 사람들에게 다 들려주고, 주일 날 따로 예배드리자고 사람들에게 문자 보내 선동했다. 아무도 고발이 안 들어왔는데 한 사람에게서 고발 들어왔다. 이 말씀이 진실이기에 허위가 드러나는 것이다. 허위에 대립하고 반대한다. 실체가 다 드러난다."

"초림 때도 반대를 받은 사람이 있다. 바울의 입을 빌어 성령께서 하신 말씀도 온전케 한 것이 아니다. 행 28:19에 '반대' 라는 단어가 나온다. 유대인들의 반대를 받은 것처럼 은혜로교회를 다니다 나간 사람들과 피지의 기독교회들과 선교사들이 반대하고 있다." (성구에 나오는 단어들 연결해 짜맞추기 설교를 하고 있다.)

"우리가 이렇게 반대를 받고 있는 이유는 130여년의 기독교회는 허위였다. 진실이 아니었다. 우리가 진실을 전하니까 이단이라는 말도 듣고 있는 것이다."[48] 라고 했다.

또한 신씨 스스로 피지에서도 이미 신도들 간 불화가 있음을 밝히고 있다.

피지에서, 결혼하고 애 낳을 때 아니다, 일 할 때다!

신씨는 또, "고전 7:25~40에서, 사도 바울이 결혼하지 않았다. 환란이 곧 올

---

48) 신옥주의 설교, 2015년 12월 27일, '진리의 영과 미혹의 영의 분별' 에서

▲ 피지에서 농사 짓고 있는 신도들의 모습

줄 알고 그랬다. 영적으로 말하면 때를 따라 양식을 먹이는 내가 혼자 살아야 한다. 내가 영적으로 말하면 바울이다. 영적으로는 남자다. 지금은 임박한 환난의 때이다. 그래서 결혼하지 않고 그냥 지내는 것이 낫다."

"한 가족이 와도 따로따로 지낸다. 신혼 부부가 와도 따로 지낸다. 남자는 남자끼리, 여자는 여자끼리, 아이들은 아이들끼리... 그런데 대표(신씨의 아들)가 와서 내년 1월 1일에 청년들 결혼시키자고 하더라. 하도 답답해서 중매를 해줬다. 쌍쌍이 되고 나니 웃고 앉아 있다. 사실은 지금 이 시대가 임박한 환난이다."

"대표가 건의를 했다. 젊은 청년들 중매 주선해주고, 부부들은 같이 지내게 해주자고. 그런데 결혼하면 일을 제대로 못한다. 임박한 환난을 위해서는 그냥 지내는 것이 좋다."

"우리는 환난도 받지 않고 이 가난한 나라(피지)를 잘 살게 할 수 있는 방법도 발견한 것이다. 이것이 참된 진리이다. 이러니 130년 동안 기독교는 허위, 가짜 아래 숨겨져 있었다. 이렇게 (내가) 여러분을 그리스도께 중매한다."

"한국에 두고 온 가족들 잊으라! 한 가정에 한 사람이라도 영혼성전 건축해야 한다. 끝까지 이겨야 한다."며 가족들 간 떨어져 지내게 하고 있다.

신옥주, 피지서 성욕 문제 놓고 설교 - 집 다 지을 때까지 그것 못 나!

"우리는 군인이다. 군인이 애인 생각하면 탈영한다. 육신의 정욕 못 이기면 하나님의 일을 못한다."

"여기 온 여러분은 미래가 정확하고 확실하게 정해졌다. 아내가 있건 남편이 있건, 없는 것처럼 생활해야 한다. 오죽 하면 내가 죄 지을까봐 나갔다 오라 했다."

"앞으로 갈 길을 정확, 명확하게 말해주고, 심지어 돈 걱정 안하게 해주마 하나님이 다 약속해주셨는데 맨날 육체의 정욕, 육신의 정욕 생각만 하고 있으니 무슨 하나님의 일을 한다고 하나? 누구를 데리고 하나님의 일을 할까?"

"이미 때가 단축하여 우주적인 일곱 째 날이다. 이제 이거 (성욕) 초월 좀 하자. 이거 안하면 일 할 수 있어? 대표 너도, 부부 같이 생활하게 해주십시다! (이를 악 물고는, "이렇게 건의") 할래?"

"혼자 와 있는 사람들이 많다. 대표도 이해가 된다. 여러분이 젊으니까 죄 지을까봐. 부부 같이 지내게 해 주십시다라고 한 것을 안다."

"이거 이기지 못하면 전쟁터에서 이기지 못한다."

"마누라 나간 사람 일어나 봐! 오늘 이 말씀이 여러분에게 실상이 되어야 한다. 아내가 있어도 없는 것처럼. 할 거야 안 할 거야? 이길 건가? 북섬에서 말씀 듣고 있는 너희들도 마찬가지. 아니면 나가면 된다. 이거 이기지 못하면 해결책이 없다."

▼ 피지에서 한국 농업전문가 초청해 신도들 농업 교육

"일 좀 하나 하면 맨 날 육신의 정욕이나 생각하고… 이 말씀을 누가 이룰 건가?"

"우리가 새 하늘, 새 땅을 만들 시점에 와 있다. 그래서 지금 우리는 집을 건축 해도 영원히 살 집을 건축해야 한다. 결혼하고 애 낳아 봐라, 일 할 사람이 없다. 있어도 없는 자 같이 하자. '이치에 합하게' 라는 말을 방언 통역 하면, 고귀한 사람을 말한다. 고귀한 사람으로 만들어 줬을 때 이치에 합한 자가 된다. 가족이 있어도 없는 것처럼 여러분의 영혼을 정결하게 해야 한다. 나이가 있어서 서로 사귀는 사람이 있어도 마찬가지이다. 진리는 참된 이치를 드러내는 것이다."

"지금 여러분에게 결혼을 하든 안 하든 죄 짓지 않을 환경을 제공하고 있다. 맞나 안 맞나? 맞다! 생활의 염려 없이 살 수 있다."

"젊은 사람들, 육신의 정욕 못 이겨서 결혼을 시켜놓고 보니, 아무 일을 못 해! 그러니 각자 일을 좀 잘 하자!"

"우리 집들 다 지을 때까지 그걸 못 참나? 그것 못 참아?!"

"고전 7:39에서, 오죽 하면 내가 이 안에서 육신의 정욕 못 이기는 처녀 총각 중매를 해 준지 아냐? 육신의 정욕 못 이기니까 안에서 찾아야지. 고린도전서 7장은 전부 육의 일이다. 우리처럼 환란 준비 하고 있지 않은 밖에 있는 사람들은 지금 시집 장가 가면 안 된다. 짐승표 나오면 어떻게 하려고? 그러나 우리는 모든 것에서 자유할 수 있다."

신혼 부부 포함, 가족 간에도 일주일 중 6일 동안 떨어져 있다가 주일 예배 할 때 같이 앉는다고 한다. 예배 시 나란히 앉아 안부만 묻는단다.

25. 북한의 5호 담당제처럼 서로 감시, 신도 세워 놓고 공개 비판!

"나도 혼자 살 생각 하고 밥도 내가 한다. 산책하고 부엌에 가보니, 김O순이 이 미친 것아! 감자는 사놓고 말라 비틀어져 있게 놔두고 맨날 같은 음식만… 지가 한 게 뭐 있노? 냉장고도 얼마나 냄새가 나는지 열 수가 없어. 미친 짓을 해놓고, 뭐 할 라고 사노! 네가 뭔데! 저거 미쳤다! 전부 다 미쳤다! 어디서 돈 주고 물건 사가지고 그 따위로 해 놔!"

"밥도 안 해줘, 그러나 내가 먹을 것은 내가 한다면서 내가 해먹는다. 아무리 봐주려고 해도 이거는 안 된다. 이번에 3일 동안 농장에서 일하는 사람들이 부엌에서 밥 해! 아주 못 돼 쳐먹었다! 그 작은 일 하나도 제대로 못 하면서 무슨 세상을 다스리고 정복해!"

"김O희 이거는 아주 박살을 내야 한다. 일어서봐라! 윤O경이가 너의 목사야? 윤O경이 말하는 것이 탁 치면 탁 한다던가, 지가 살아난다고... 어디서 그 따위로 말을 해! 너는 도대체 실체가 뭐야? 윤O경이가 네 목사야? 윤O경이 입을 통해 하나님의 음성을 들려줬나? 윤O경이 너도 마찬가지 너의 실체가 뭔지 처절히 알아야 한다."

주일 설교시간에 이러고 있다.

지난 2015년 10월 25일 예배 시에는,

주일 예배시간 찬송을 부르는데, 신 씨가 한 사람 한 사람 봐가면서 갑자기, "그만해!" 하자 일시에 찬송이 끊겼다. 강단으로 올라가더니 "오늘은 한국에서 오신 손님들이 계신데 이분들을 위한 특별한 예배다."라고 하더니, 180여명이 모였는데, 4명의 남자 목사들(한국에서는 목사, 피지에서는 그냥 성도)을 일으켜 세우더니, "너는 지랄했어 안 했어? 너, 혼날 짓 했어! 안 했어? (4명 일일이) 나와! 너희들이 한국에서 똑바로 목사 짓 했으면 봐라, 잘했나? 못했나? (70대 가까운 前 목사도 있었다.) 너희들은 오늘 손님들 덕분인 줄 알아, 너희들은 오늘 맞았어야 돼! 오늘은 손은 안대겠다. 앞으로 이것들이 혼날 짓을 하면 다 일일이 누구든지 보고를 하란 말야! 앞으로 선생질 하려는 사람 있으면 누구든지 나한테 보고해!"

피지에서 다른 신도들은 한 가족이 와도 남자는 남자끼리, 여자는 여자끼리 각각 다른 숙소를 사용하는데 신 씨의 측근들은 가족끼리 지내도록 숙소를 내주었다고 한다.

'배' 라는 단어 하나 가지고 '배는 교회' 라고 결론 내리고는 성경 여기저기 검색하면 나오는 '배' 라는 단어가 있는 성경 구절들 열거하며, 자기 임의대로 정의해 꿰어 맞추는 식의 성경풀이를 하고 있다. 이외에도 신 씨의 대부분의 설교가 이렇다. 성경을 깊이 연구하거나 설교문을 작성하여 진정으로 지금 성도들의 현

▼ 피지 신도들과 원주민 노동자들의 모습

상황에 맞게 적용할 수 있는 설교를 하는 것이 아니라 자기의 말이 곧 방언 통역이라는 반성경적 억지 주장을 하며, "허위, 진리, 진실, 이치에 합하다, 결혼, 성욕, 낱낱이, 오직…" 등 잡히는 대로 단어 하나가지고 여기저기 짜 맞추기 하여 해석하고 있다. 대부분 그 목적은 환란(종말) 대비처 피지로 도망 가야 한다! 인치는 자, 천년왕국, 베리칩, 666, 144,000, 환란(종말), 예비처… 등에 맞춰져 있다.

26. 은혜로교회 신도들, 의심하거나 이탈하려는 신도들 납치까지!

1. 피지 탈출자 납치

의심을 갖으면 귀신이 들어가서 그렇다며, 원수를 쫓는다며 타작마당을 한다. 피지에서는 더욱 극심히 일어나고 있다. 탈출자의 가족의 증언에 의하면, 피지에서 한번 말씀에 부딪친다. 나가겠다고 했다가 집단 타작을 맞았다고 한다. 어렵사리 한국에 와서, 아직 은혜로교회에 다니고 있는 가족들에게 갔더니, 깜짝 놀라 바닥을 뒹굴면서 피지가 환란을 피할 수 있는 곳인데 네가 어떻게 다시 여기에 왔느냐고 했다는 것이다. 그래서 신옥주 관련 반성경적 주장들을 얘기해주고 마무리 되었다고 한다.

청년들 중 나가겠다고 해서 나간 사람들 다시 잡아오는 팀이 있다고 한다. 그래서 잡혀 가면 마음을 돌이킬 때까지 때린다는 것이다.

탈출 후 한국에서 집을 나와 다른 곳으로 이동하려던 중, 은혜로교회 신도들에게

▲ 피지에 다녀온 농업 전문가와 은혜로교회에서 검사 의뢰한 자료들

납치되었다. 그래서 경찰에 신고하고 우여곡절 끝에 다시 되찾아왔다고 한다.

2. 여 권사 납치, 차에서 뛰어내리기까지

은혜로교회에 3년 다니다 나온 어느 권사는 2014년 10월 경부터 신옥주가 계속 피지 얘기에 초점을 맞추고 중복 설교를 하는 것에 불만이 있던 중, 몸이 좋지 않아 1달여 간 교회를 나가지 않았더니, 3명의 여자 목사들이 첫날 오후 3시경 찾아와 강제로 경기도 오포로 데리고 가, 정신없이 뺨을 때렸다고 한다. 일명 타작마당을 한 것이다. 핸드폰도 빼앗겼다. 다음 날에도 강제로 차에 태워 어디론가 이동을 하는데 운행 중인 차에서 문을 열고 뛰어내렸다. 하지만 2명에게 다시 붙잡혀 경기도 오산의 모 교회 앞에서 은혜로교회 신도들이 시위를 하는데, 그 시위대 맨 앞에 세워 시위를 하게 했다는 것이다. 얻어 맞고 맨 앞에서 강제로 시위를 하게 된 것이다. 시위가 끝나자 다시 교회로 데리고 갔는데, 남편이 경찰에 신고를 하여 경찰들과 함께 과천으로 이동하여 조사받은 후, 다시 집으로 돌아오게 되었다. 1년이 지난 지금도 위장병에 시달리고 있을 만큼 건강도 회복이 되지 않은 상황이라고 한다.

은혜로교회 신도들이 이렇게까지 이성 잃은 행위를 하는 이유는 신옥주가 "영적인 잠에서 깨어 일어나 하나님의 원수인 행악자를 쳐서 가라지 추수를 해야 한다. 하나님의 아들들을 통해 하나님의 원수들을 쳐야 한다."고 현혹했기 때문이다.[49]

---

49) 신옥주의 설교, "누가 일어나서 행악자를 칠꼬"(시 94:16)

▲ 피지에 초청받아 간 농업 전문가와 신옥주 일행

27. 결국, 신옥주 왕국건설 목적인가?

피지 현지 상황 심층 분석 결과

신옥주 측으로부터 초청받아 실제 프로젝트 가지고 피지를 다녀오신 분의 증언에 의하면, GRACE ROAD 사업이 6개 분야로 운영되고 있어 GROUP화 되어가고 있다. 은혜로교회 FiJi 담당 대표는 신옥주(57세)의 아들(37세)인데, FiJi 원주민들에게 식량을 자급 자족하도록 가르쳐 주겠다는 모토로 피지 정부와 원주민들을 설득하고 있다. 현재 농업과 축산을 명분으로 부지 확보 중인데 땅 300여만 평을 확보한 것으로 보인다고 한다.

그런데 "어떠한 비용을 이용했는지 의문이다. 세금 포탈, 무임금 노동으로 신도들의 노동력이 착취당하고 있다. 농장, 공장, 기계, 인원 등을 과시하며 세력화 하고 있고, 호주 대통령 영부인의 특별한 관심을 받고 있는 것으로 보아 피지 정부 세력과도 관계를 맺고 있는 것 같다."고 하면서,

"이제 2년여 기간이 지났는데, 필요 인원, 기업들을 초청해서 필요한 것 위주로 습득, 이해하고는 보내버리는 식으로 신뢰를 주지 못하고 있는 실정이다. 전문가

▲ 피지에서 농사 지으려는 씨앗

들을 초청해 신앙적으로 포섭하여 전문 지식을 획득하려 하다 안 되면 이율배반적으로 문제를 만들어 배제하는 수법을 사용하고 있다. 우선 자급력 확보가 최대 문제인데, 신씨가 곧 3천억 원이 들어온다고 공개적으로 언급하기도 했다. 하지만 현재 매월 수 억 원의 운영 자금이 들어가는데 수익은 거기에 턱없이 못 미치고, 경영 – 운영 능력 부족으로 누수현상이 보여졌다"고 한다. 어느 정도 투자는 이루어졌는데, 수익 사업으로는 미용실, 음식점, 치킨집, 팥빙수 가게를 운영하고 있다. 그러면서,

"특히 주 업으로 하고 있는 농업분야, 축산분야의 유 경험자와 거기에 따른 기술이 절대적으로 부족하고, 장비는 확보되었다 해도 효과적으로 사용할 수 있는 기술력이 부족하다. 전문 인력들을 신앙 문제로 확보 및 위탁하는데 어려움이 있는 것으로 보인다."고 했다.

쌀을 90% 이상 수입에 의존하고 있는 피지의 농축산 자급자족이 이루어지도록 하겠다면서 농업에는 초보인 신도들에게 영적 군사는 무엇이든 다 할 수 있다며 농업 노동을 시키고 있다. 이에 더하여 기본 장비, 농자재, 전문성 등 균형이 안 맞고, 계획성 없이 수시로 변동되는 사고로 운영되고 있다. 내용과 실체를 모르는 피지 국가와 원주민들을 상대로 과대 망상의 기대를 추구하도록 하고 있다는 것이다.

"외부인과는 대화도 못하게 하고, 공동 풀에 넣고 공동체라 하며, 현지 인원 200여명, 조직 운영도 역할 분담도, 체계가 안 되어 있고 오직 목사 지시가 우선이다. 그 다음 대표인 아들의 생각이다. 그 다음은?... 우리나라의 명예를 실추시키는 일이 발생할 수도 있다. 기독교 신앙에도 역행하는 일이다."라며 성토했다.

피지로 입국하는 사람들은 특별 지위 없이 목사라 할지라도 "성도"로 지칭. 부부, 가족들도 별도 숙소에서 생활하고 있다. 또한 들어가면 농업을 기본적으로 알아야 한다며 배치하고 있다.

주일에는 오전 12:00까지 교회로 전체 인원 모여서 저녁식사까지 약 8시간을 신앙적 정예 신도로 훈련하고 있다. 예배시간 수시로 피지에서는 영과 육이 절대 죽지 않는다, 영생한다고 주장했다. 최고령 신도는 74세였고, 최연소 신도는 16세였다.

"그런데 신 씨가 자신의 영적 능력을 내세워 하나님이 선택한 특별한 목사라 강조하며 신 씨의 개인 감정이 신도들에게 신격화되어 있다. 자신의 왕국을 건설하려 하고 있는 것 같다"고 하였다.

은혜로교회 피해자들의 증언!

은혜로교회 신옥주 관련, 서울, 경기, 경상도, 충청도에 거주하고 하고 있는 피해자들 10여명을 만났다.

이들은 대개 기성교회에서 상처를 받았다든가, 실망하고 나온 사람들, 또는 말씀에 갈급한 가운데 말씀을 풀어준다 하니 신옥주의 유튜브 동영상 설교를 접하고 들어간 이들이었다.

이혼 소송 중인 김성모(가명, 피해 남편) 씨 인터뷰

미안하게도 사진 촬영을 요청드렸다. 여하튼 피해자들의 자료가 필요했기 때문이다. 카메라를 들고 셔터를 누르려는데, 눈의 초점이 카메라 렌즈를 향하지 않고, 넋 놓은 사람처럼 어디 먼 곳을 바라보고 있다. 눈물도 말라버린 1년여의 세월이 지난 10여년의 가정생활을 아예 쑥대밭으로 만들어버렸다. 잘못된 신앙으로 인한 가정불화 문제였다. 큰 아이가 이제 10세, 매정하게도 순간순간 내뱉는 말이... 아빠를 원망한다. 자기들을 버렸다고... 그게 아닌데, 가정을 지키려는 몸부림으로

▲ 신옥주 설교에 심취해 삭발한 아내의 남편

주 문
1. 피신청인은 신청인과 피신청인 사이의 이 법원 2015드단1283(본소), 2015드단102773(반소) 사건이 확정될 때까지 신청인의 동의 없이 사건본인들을 외국으로 출국시키는 행위를 하여서는 아니 된다.
2. 피신청인이 제1항을 위반하는 경우 피신청인은 신청인에게 위반행위 1회당 5,000,000원씩을 지급한다.
3. 신청인의 나머지 신청을 기각한다.
4. 신청비용은 각자 부담한다.

▲ 법원 이혼 소송 중 부인, 피지에 갈 수 없어!

▲ 초등생 아이가 길거리 시위 동행

▲ 국민 신문고에 투고한 자료

▲ 장인, 장모의 출입국 현황

너희들을 그 악한 집단에서 구출해내려고 지구상에 오로지 홀로인 양, 백방으로 알아보고 도움을 요청하고 있는데… 구깃구깃 그간의 자료들을 가방에서 꺼내 보이는데, 이를 어찌할꼬… 어떻게 해야 이 가정이 다시 회복이 될까…

뭐랄까… 가방에서 주섬주섬 서류 뭉치를 꺼낸다. 근 1년여 동안 악한 이단집단에 빠진 아내와 아이들을 꺼내기 위해 무진 애를 쓴 모양이었다. 대검찰청, 경찰청, 국가인권위원회, 방송국… 등 혼자 할 수 있는 노력이란 노력은 다 해본 것 같았다. 카톡에는 사랑하는 딸들과 단란했던 사진들을 배경화면으로 올려 놓았다. 아이들 만이라도 데리고 오자. 아이들만 데려올 수 있다면 모든 것 잃어도 괜찮다… 아내와는 7년을 만나 결혼을 했다. 10여년 결혼 생활은 그야말로 남들이 부러워할 정도로 행복했다. 그런데 잘못된 신앙에 심취하고 맹신하고부터는 뭔가를 깨달은 것 마냥, 뭔가 큰 비밀을 알게 된 것 마냥 심취해 들어갔고, 자신의 신앙을 가족들에게 강요하였다. 결국 종교문제로 인한 가정 불화가 시작된 것이다.

아내(38세)와 딸 셋, 행복한 가정이었다.

원래 다니던 교회가 있었는데, 장인(전 순복음 교단 목사(67세), 당시 5~6명의 성도들을 데리고 과천 은혜로교회로 들어갔다. 2015년 9월 24일, 피지로 들어갔다.)이 유튜브를 통해 신옥주의 설교를 계속 들어보라고 권유하였다. 아내가 아버지의 말을 듣고 신옥주의 설교를 듣더니 심취하게 되었다. 집에 들어오면 매번 유튜브를 보며 신옥주의 설교 동영상을 시청하고 있었다.

그러더니 2014년 6월 경에는 아예 과천 은혜로교회로 다니겠다고 했다. 충남 아산에서 경기도 과천까지 매 주일 어린 아이들을 데리고 다닌다는 것이 부담도 되고 해서 반대를 했으나 아내는 아이들을 데리고 은혜로교회를 다니게 되었다. 6개월여 다니더니 이제는 과천으로 이사를 가겠다는 것이다. 남편이 동의하지 않았는데도 아이들을 데리고 친정 집으로 들어갔다.

신옥주의 성경 세미나가 있는 때에는 아이들(초등학생)을 학교에 보내지 않고 같이 참석하기 일쑤였다.

2015년 1월 21일, 결혼기념일, 아이들과 아내가 있는 처갓집에 들렀더니 장인, 장모, 아내가 모두 삭발을 한 상태였다. 당시 은혜로교회의 여러 신도들도 삭발을 한 것을 목격하였다고 한다.

가장 분노가 이는 것은 어린 아이들까지 정상적인 학교생활을 하지 못할 정도로 신앙을 강요하고 있었다는 것이다. 결국 이혼 소송을 제기하면서 아이들은 정상적으로 학교생활을 하고 있다.

그 동안 내성적이고 얌전했던 아내가 잘못된 이단 사상에 심취하게 되자, 눈빛이 변하고, 은혜로교회와 신옥주에 대해 불만을 토로하자 남편의 뺨을 때리려 한

▼ 부인을 통해 피지로 간 장인에게 전달된 5천여만 원

출금	스마트폰	10,000,000	42,275,832	과천	(2314)	농협이■호	011=13601268137
출금	스마트폰	20,000,000	22,275,832	과천	(2314)	농협이■호	011=13601268137
출금	스마트폰	22,275,832	0	과천	(2314)	농협이■호	011=13601268137

다거나 확연히 변한 모습을 보게 되었다. 그들은 남태평양의 피지가 말세에 환란을 피할 피난처로 믿고 있는 듯 했다.

첫째 아이가 이제 사춘기에 접어드는 시기인데, 엄마의 말이나 은혜로교회와 신옥주의 말만 듣고 아버지에 대해 오해를 하고, 자기들을 버렸다며 원망하는 듯 한 뉘앙스를 비쳤을 때는 이루 헤아릴 수 없을 정도로 마음이 아프고 안타까웠다.

저 악한 이단 집단과 혼자 싸워야 하는데, 나름대로 노력은 했으나 쉽지가 않았다.

한영훈(가명) 전 은혜로교회 강도사 증언
2015년 7월 말경, 공동체로 거주하고 있는 집에서 신도 한 명이 중앙에 앉아 있고, 4~5명이 빙 둘러 서서 타작마당을 하는 것을 보았다. 은혜로교회에서 타작 즉, 얼굴과 머리를 폭행하는 것은 예수님도 뺨을 맞으셨다며 죄가 있으면 타작을 해야 속의 마귀가 떠난다고 주장하고 있다. 신도들이 삭발을 하는 이유도 사도 바울도 겐그레아에서 머리를 깎고 새로운 마음을 갖게 되었다며, 삭발을 하면 귀신이 떠난다고 믿고 있다고 한다.

변영수(가명) 전 은혜로교회 강도사 증언
2013년 경부터 신옥주가 피지가 환란의 대비처라고 주장하기 시작했다. 겨울이 없고 셈 족속의 땅인 그곳에서 육체 영생 한다고 했고, 성경에 나온 그대로라고 주장하고 있다.

이경미(가명) 전 은혜로교회 강도사 증언
매 설교 전 서론으로 전세계의 소식을 전한다며 지진이 일어나고 IS 테러 얘기, 이상기온 현상 등 종말 공포를 조장하며 이제 얼마 안 남았다. 곧 때가 온다고 한다.

전석환(가명) 전 은혜로교회 집사 증언
신도들이 집을 팔아 은혜로교회 근처로 이사를 갔다. 이제 얼마 안 남았으니 집 값을 반 값으로라도 팔아 교회 근처로 이사하라고 권고했다.

이미정(가명) 전 은혜로교회 권사 증언
신도들이 타작 폭행을 당하고 재산을 헌납하고, 가정 파괴가 일어나고 있으며, 신옥주의 말씀 세미나 할 때는 초등학교 다니는 아이들까지 학교에 가지 않거나 조퇴를 하고 세미나에 참석하게 했다.

이숙경(가명) 전 은혜로교회 부목사 증언
부목사 나오라 하여, 삼위일체 관련 일체 말하지 말라 하고, 너희들은 삼위일체를 어떻게 알고 있느냐며 질문하기도 했다.
우리들은 하나님의 아들들이다. 예수는 죽었지만 우리는 죽지 않고 간다고 했다.
은혜로교회 신도들, 경기도 과천 교회 근처에 방 얻어 공동체 생활을 하고 있다.

김숙희(가명) 전 은혜로교회 권사 증언
매월 말씀 세미나를 했었는데, 교회 성도들을 대상으로 하면서도 세미나 참가비 1인당 10만원에 식사비까지 받았다.
예수님은 피조물이다. 지금은 성부 하나님 시대이다. 하나님이 하나님 되는 세상 만들어야 한다고들 한다.

한영훈(가명) 전 은혜로교회 강도사 증언
타작마당을 거쳐야 피지에 갈 수 있다고 한다. 피지에서 무임금 노동하면서 천년왕국 건설한다고 한다. 환란(종말) 때에는 순교자들이 일어나면서 대지진이 일어나 지구가 못 견딘다면서 하나님의 아들들은 살아서 휴거된다고 한다.

김민혁(가명) 전 은혜로교회 강도사 증언
신씨는 초창기부터 손찌검을 하면서 타작을 하였다. 처음에는 부목사들이 하더니 후에는 친족 간에, 부부 간에 하도록 시켰고, 나중에는 부모 자식 간에도 타작을 하도록 시켰으며, 스스로 자기 자신을 때리는 자작, 자해도 있었다. 젊은 애들이 기도하면서 스스로 자신을 때리는 경우도 있었다. 나중에는 신도들이 나서서 직접 타작해달라고 요구하기도 하였다.

5~60여명의 사역자들이 있었는데, 그중 어느 여 강도사가 화장을 너무 진하게 한다며 한밤중에 2층 사무실 숙소로 데리고 가서는 중앙에 무릎꿇고 앉게 하고 빙 둘러서서 갑자기 머리를 때리면서 "너, 머리 깎을래? 안 깎을래?" "깎을게요." "가위 가지고 와" 하자, 울면서 한번만 봐달라 애원하는 것을 보고는, 나서서 "그만 하세요! 당신부터 머리 깎으세요!" 한 적도 있었다.

전 신도들 앞에서 가위로 앞머리를 드문드문 잘라. 그대로는 다니지 못하게 해놓고는 결국 삭발을 하는 사람도 있었다. 교회 신도들 중 미용사가 있어서 머리를 깎아 주었다.

신씨가 자신은 중국에서 말씀을 보다가 깨달고는 스스로 타작을 했다고 한다. 그러면서 타작 해야만 알곡이 된다고 주장한다.

신옥주 전 운전기사 증언

은혜로교회 집사로 교회 봉사를 하다가, 어느 날 신옥주 씨가 운전기사를 해달라는 요청을 해와 무임으로 봉사하게 되었다. 2014년경 신 씨는 피지가 환란 대피처라면서 천년왕국 건설을 위해 그 곳으로 가야 한다고 강조하던 때였다. 신씨는 운전기사 집사에게도 집 전세금 빼서 교회 근처로 이사 오라고 종용하기도 했단다.

그런데 11월 2일, 뉴스에 피지 인근 바다에서 규모 7.1의 지진이 났다는 것을 보도하면서 인터넷 기사들도 올라와 얘기를 했다고 한다. 그것도 피지 수도 수바(Suva)에서 432km 정도 떨어진 곳이었으니, 수바에서 새로운 일을 계획 중이었던 신옥주의 입장에서는 못마땅했는지, 뉴스에 난 얘기를 한 것을 가지고 강단에서 "이 나쁜 X, 절대 아니다! 내가 모르는 일이다!"라며 공개 비난을 하였다는 것이다. 그런 이중인격적인 면을 자주 보면서 실망하고 나온 것이다.

한영훈(가명) 전 은혜로교회 강도사 증언

"은혜로교회 신도들 수십여 명이 '씨앗 모임'이라는 것을 만들어 피지에 있는 땅을 매입하는데 자금을 모았다. 그들 대부분은 피지로 워크 비자(work visa)로 갔다. 보통 3백만 원, 5백만 원이었다."고 한다.

신옥주 씨는, "나중에 이 세상은 지옥으로 파한다. 그런데 마귀가 잡는 것은 돈이다. 사단 마귀 귀신은 100% 이 세상 것으로 미혹한다."50)고 한 바 있다. 그러면서 본인은 정작 신도들의 돈으로 지금 무엇을 하고 있나?

김민수(가명) 전 은혜로교회 집사 증언

신옥주의 말 한 마디에 목사였던 사람이 어느 날 갑자기 성도가 되고 집사가 된다. 어느 여 목사는 순식간에 권사로 불렸다. 언젠가는 성도로 통일하자며 모두 성도로 불렀다.

신옥주 전 운전기사 증언

2014년 5월경, 풍수지리를 보는 지관(地官)을 불러 피지 땅을 봤다고 신씨가 공개했다. 귀신이 귀신같이 아니 귀신한테 물어봐야 한다면서 보름 동안 보게 했다는 것이다. 지관이 신도들 뼈 맞춰주는 일도 했었다. 그 지관이 피지 땅에서 왕이 나올 것이라 했고, 피지의 지도가 마치 군함 모양같다고 했다. 그러면서 전 세계 사람들이 그곳으로 모일 것이라 했다.

피지 현지 답사 다녀온 문인혁(가명) 집사의 증언

은혜로교회에 다니지 않는 다른 가족들까지 간접 피해를 보고 있는 상황이다. 피해 가족들은 점점 늘어나고 있는 추세이다 보니 가족들의 고충 또한 심각하다. 말로 다 표현 못 할 피해 가족들의 고충이 있다.

정○자 씨, 천주교인이시다.(피지 이주 신도 가족)

은혜로교회에 2년 정도 다닌 50대 초반의 남동생이 재산을 처분하고 현재 피지에 가 있다. 지방에 살고 있던 동생 부인과 아이들도 피지에 갈 것을 계획하고 과천 교회 근처로 이사를 가 있는 상황이다.

엔지니어 출신인 남동생은 중장비, 전기 분야, 컴퓨터, 외국어 구사, 대인관계 능

---

50) 2011년 5월 9일, 신옥주의 월요 강의, 귀신론(계 12:9)

▲ 피해자의 누나

숙 등 다방면에 재능이 있었다. 지방에서 농장을 경영하다 돌연 피지로 간 것이다. 누나는 동생이 간 것을 한 달여가 되어서야 알게 되었다고 한다.

원래 다니던 교회가 있었는데, 상처를 받은 일이 있었다. 그때 아무도 자기를 이해해주는 사람이 없었고, 사회에서도 배척받고 외면 받는 일이 있었는데 아내를 통해 신 씨의 설교를 듣고 교회를 옮기게 되었다. 이렇듯 신앙에 지치고 삶에 지쳐 적응 못하고 여기저기 떠도는 신앙 집시들이 자기에게 친절하게 대해주고, 안아주고 보듬어주는 곳을 찾아 헤매고 있는 것을 알 수 있다.

2남 1녀의 자녀를 두었는데, 큰딸은 유학을 가 있는 상태인데, 은혜로교회에 다니고 있는 첫째 아들은 대학교 4학년 2학기 째 휴학을 했고, 같은 교회를 다니는 둘째 아들은 고등학교 3학년 생인데 자퇴를 하였다.

▼ 피해자의 누나가 보낸 청와대에 청원문과 동생에게 보낸 문자

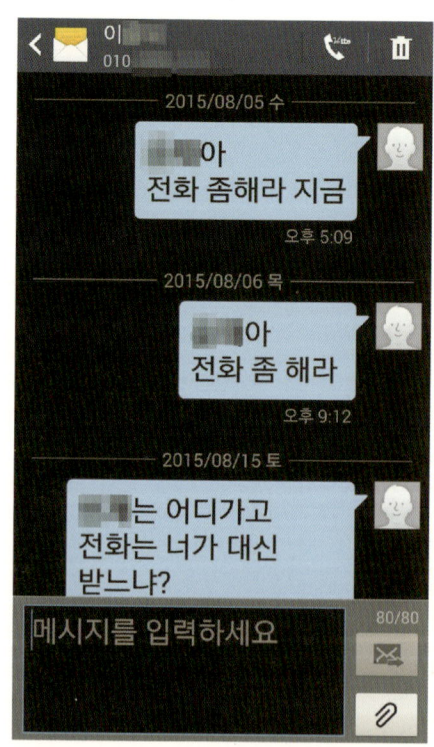

청 원 문

(서울 특별시 종로구 청와대로 1 대통령비서실 귀중)

대통령님!
그리고 국가기관에 계시는 분들님!
제 동생 좀 살려주십시오!

지금.
곧 바로.
즉시.
신옥주를 인터넷에 쳐 보십시오!
'은혜로 교회'라는 단어를 입력해 보십시오!

저는 ███이며 56년생입니다.
제 동생 이름은 ███이며 63년생입니다.

제 막냇동생 ███는 신옥주라는 종교를 빙자한 여자에 미혹되어 지난 7월 21일 남태평양 피지 섬으로 간 뒤 지금까지 그 어떤 전화도 받지 못한 채 생사조차 모르고 있습니다.

신옥주는
지금
이단, 사이비 교주로 군림하며 수많은 가정을 파괴시키고
형제, 부모간의 천륜과 혈연의 인연을 모두 말살시키고 있는
악의 축으로
수많은 사람들이 허상을 쫓는 군상의 대열에 무리 짓도록
사회적 현상을 양산시키고 있는 여자입니다.

자식들을 학교에서 모두 자퇴와 휴학시키고,

고등학교 교감 선생님과의 대화

가족: 아이 엄마가 외국으로 이민 간다면서 아이를 자퇴시켰다. 일반적인 이민이 아니다. 엄마가 이단집단에 빠져서 (종말 대피처라며) 아이를 남태평양 피지로 데리고 가기 위해 자퇴를 한 것이다.

교감: 그게 언제였나요?

가족: 2015년 3월이다.

교감: 몇 학년이었나요?

가족: 3학년 올라가면서 그랬다.

교감: 3학년으로 진급은 했는데, 그러면 학교는 못 다녔겠군요.

가족: 네, 그래서 이름이 이O인이다. 잘못된 종교로 인해 가정이 파탄난 집도 많고, 아이들의 장래 희망까지 꺾어버리는 아주 나쁜 종교이다. 굉장히 심각한 문제

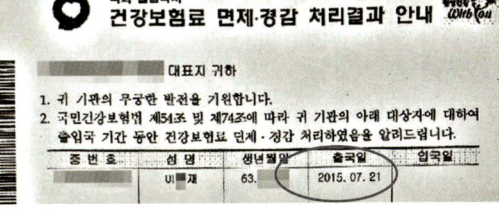

▲ 동생이 피지로 출국한 자료와 은행거래 명세서

▼ 피지로 간 동생이 더 이상 재산을 정리하지 못하도록 압류

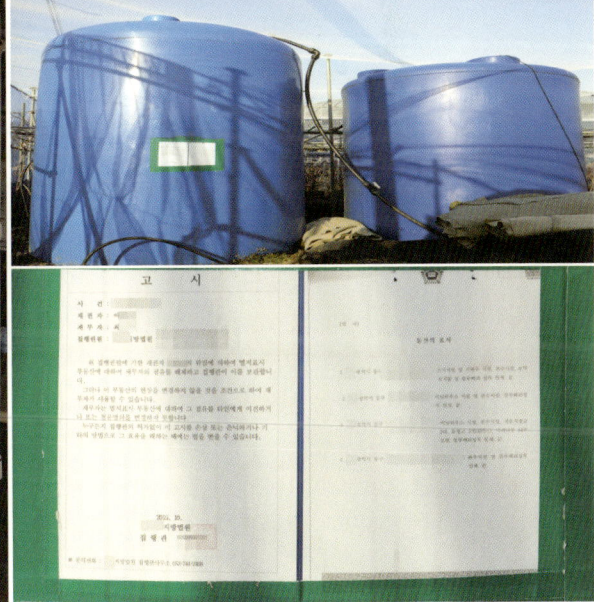

			부동산 현황		
					단위 : KK
물건	시세	대출금액	현거주자		비고
▓▓	2,500	1,220	▓▓ 및 ▓▓김대 (양도소득세문제)		
나대지▓	280	120	▓▓ 내년 도로 생성시 400000원/평당 인상		
주택1	230	130	▓▓		
주택2	120	60	▓▓ 거주		
주택3	300	150	현거주, 이민시 양도세 혜택		
		1,680			

▲ 동생은 은혜로교회에 부동산 현황까지 보고했었다.

이다. 지난 번에 다른 분과 통화했을 때는 그런 경우에는 재입학이 불가하고 일단, 종교 문제는 해결하고 와야 한다고 하셨다. 바로 위의 형도 대학교 다니면서 휴학을 한 상태이다. 가족들이 피지로 가서는 연락이 두절되어 죽었는지 살았는지 생사도 알지 못 해 숨이 턱턱 막힌다. 잠을 잘 때 악몽을 꾸기도 한다.

이는 사회적으로도 문제이다. 고등학교까지는 의무교육인데, 아이의 장래까지 망치고 있다. 교육이라는 것이 시간이 있는데, 부모들이 이단에 빠져 아이들까지 학교 자퇴를 시키고 있다. 정말 불안해서 죽을 지경이다.

교감: 피지로 간 가족들과 연락이 전혀 안 되는가?

가족: 안 된다.

교감: 아, 검색해보니 저희 학교에 있었네요. O인이가 2월 6일자로 자퇴를 했네요. 그리고 해외 이주로 기록이 되어 있네요.

가족: 정말 이거는 범죄 행위나 마찬가지이다.

```
                경력
1982 ▓▓▓▓▓▓ 전기과 졸
1984 현역 군필
1986 ▓▓▓▓▓ 전기과 졸
1986 ▓▓ 입사
1995 ▓▓ 퇴사
1995 ▓▓ 전문점 개업
2006 ▓▓▓ 농장 운영
           주요 업무 경험 및 내용
1. 컴퓨터 활용 업무
  1)OFFICE 엑셀,파워포인트 능숙
  2)AUTO CAD 프로그램 사용 2014 버전까지 사용
  3)DB 관리용 프로그램사용 DBASE,FOXPRO 프로그래밍 가능
2. 농장 업무
  1)▓▓▓ 묘목 현지 직수입, 격리재배 (20만여주)
  2)▓▓▓ 농장 2000평,육묘장 2000평 운영
  3)▓▓▓ 및 농장 1400평 운영
  4)각종 묘목 증식 경험
  5)천연 아미노산 액비 제조
  6)비닐하우스 직접 시공 설치 (400평)
3. ▓▓ 관련 업무
  1)전국최초 학교 시스템 ▓▓ 설치 및 국내 확대 보급
  2)20년간 각종 현장 위주 실무 및 설치 경험
  3)업소용 제품 전문 취급
4. ▓▓ 업무경력
  1)▓▓▓▓▓▓ 출하 검사 총책임
  2)품질관리부서 기획 업무
  3)전국 ▓▓ 기술교육 담당
  4)전국 주요 ▓▓ 처리반 운영
5.자격 및 면허
  1)1종보통 운전면허
  2)굴삭기 자격증 및 조정면허
  3)지게차 자격증 및 조정면허
  4)전기기기 기능사 2급
```

▲ 동생이 은혜로교회에 보고한 경력서

둘째는 자신이 죄인이라면서 타작마당

에 나가지 않은 것을 잘못했다며 회개하는 유튜브 동영상을 공개적으로 인터넷에 올려 놓고 있다. 학교를 그만 두었다는 소식을 듣고 할머니가 손주를 찾아 교회로 찾아갔더니 신옥주의 동영상 설교를 보고 앉아 있더란다. 집에 가자 하며 끌고 가려 하니, 그렇게 얌전하고 착하고 순했던 아이가 어느새 매섭게 눈빛과 얼굴빛이 변하면서, "영이 중요합니까? 육이 중요합니까?" 오히려 되레 묻더란다. 이 말을 들은 할머니는 어찌할 바를 몰라 부들부들 떠는 손을 간신히 의자를 잡고 서 계시다 쓰러지셨다. 이후 아무 말씀도 안 하시고 한동안 말문이 막히셨다고 한다.

다재다능했던 남동생, 은혜로교회로 옮기자, 신상 명세서와 이력, 경력서 제출했다. 그러니까 신도들의 형편을 손바닥 보듯 파악하고 섭외를 한 것 같다고 한다.

누나는 이렇게 애원한다.

"○○야, 거기에 투자한 것이 있고, 남들 이목이 있고, 부끄러운 마음 하나 가질 것 없다. 아무 걱정 말고 자연스럽게 돌아오라! 너의 자리는 항상 그 자리 그대로 있다. 우리는 하나도 변한 게 없다."

51년생인 정○묵 씨는 택시 기사이시다. 불신자이다.(피지 이주 신도 가족)

기성교회에 부적응했던 아내와 큰딸이 은혜로교회로 옮겨 다니다 2014년 10월경, 집을 나가 연락이 두절된 상태에 있다. 둘째 딸 결혼식 날, 큰 사위가 장모와 큰딸이 이상한 교회에 다니고 있다는 말을 해 알아봤더니 문제의 교회였다. 실제 부인은 그 교회에 다니면서 평상시에도 종말이 곧 온다. 환란을 대비해야 한다는 말을 자주 했다. 그 교회 다니는 것을 반대하니 결국 집을 나간 것이다. 큰 딸 부부는 이혼했다.

▲ 아내를 기다리는 택시기사

"은혜로교회 신옥주가 이렇게 가정을 파탄시키고 있다. 일주일 중 3~4일은 교회에 가 있고, 어쩌다 집에 오는데 어느 남편이 좋아 하겠는가?"라며 하소연하신다.

식당을 경영하는 김○한 씨, 불신자이다.(피지 이주 신도 가족)

식당을 경영하는 김○한 씨는 특급 건축기사였던 남동생 가족이 은혜로교회에 1년여를 다니다가 지금은 피지에 가 있다. 연락도 두절한 상태인지라 조카를 통해 딸에게 카톡으로 연락이 온 게 전부이다. 그것 만으로도 내심 안심했다고 한다.

어린 애도 아니고 형수가 피지에 가지 말고 이곳에서 같이 살자 울면서 애원해도 그곳 피지에 가야 구원받는다고 듣지 않았다. 연락이 두절된 지금은 전화 벨만 울려도 혹시 동생 전화는 아닌가 마음이 떨린다고 한다.

▲ 부인이 돌아올까 희망을 갖고 종잇장 한 장도 버리지 못하고 간직하고 있다.

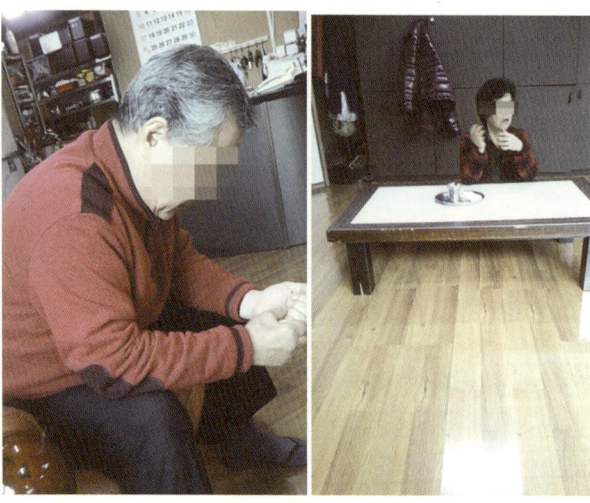

▲ 피지 이주 신도 가족들

피지 현지 답사 다녀온 문인혁(가명) 집사의 증언

"고사리같은 손으로 헌금한 것까지 농삿일에 투자된 것으로 보인다. 하지만 100억원에 가까운 투자금이 어떤 통로를 통해 한국에서 피지로 흘러들어갔을까? 무임금 노동력 착취당하고 있는 신도들의 복지문제는 어떻게 해결해줄 것인가? 신씨가 후에 공동분배 해 주겠다고 했다는데, 명확하게 한 약속도 아닌 듯 하다."

"신혼 부부를 포함, 온 가족이 와도 신씨의 측근들 외에 각각 남녀 따로따로 공동생활을 하고 있는데, 신씨는 자기의 아들 부부와 대략 300평 규모의 풀장이 딸린 저

택에 살고 있다." 이곳에는 물론 식당, 외국 교포들, VIP 실이 같이 있다.

29. 마무리 하면서 - 신옥주 신격화에 발묶인 피지 신도들, 속히 구출돼야!

FIJI 국가 인구가 80~100만 명이다. 현재 이 나라에는 200여명이 집단 생활을 하고 있는 곳이 없다. 은혜로교회 신옥주 집단 뿐이다. 들어가면 모두 농삿일을 해야 한다. 누구를 위한 노동인가? 대표로 있는 신씨의 아들은 친환경 농법으로, 쌀은 90% 이상 수입에 의존하고 있고, 야채나 과일은 중국산이 대부분 시장을 점유하고 있는 피지에서 원주민들이 자급자족 할 수 있도록 돕겠다고 하는데, 신도들 중 농업 전문가는 둘째치고 전업 농부 한 사람 없는 상태에서, 그것도 황토밭에서 무슨 쌀농사가 가능한가? 그들 말대로 천년왕국 이루어진다면, 그래도 농사 지으며 살 것인가? 신옥주의 천년왕국 주장은 양념일 뿐, 목적은 왕국 건설 아닌가?

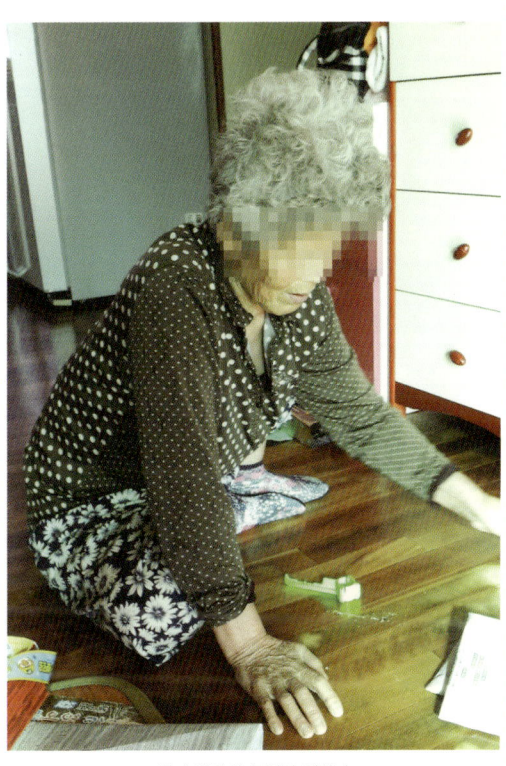

▲ 딸과 연락이 두절된 권사님

분별력 없는 무지한 신도들 딴에는 기성교회 목사들이 지금 죽이는 설교를 하고 있고, 그들의 설교를 들으면 환란 날에 심판받고 지옥 간다고 믿게 되면...

입장 바꿔서 이는, 치가 떨리는 소리일 수도 있을 것이다. 그래서 남편이 장로교 목사인 대전의 어느 교회 사모(은혜로교회로 이적)는 공개적으로 남편 이름을 불러가며 지옥 가지 않도록 끝까지 깨닫게 할 것이라고 했다.

그러나 한 가지만 보자. 믿음생활 하는 유치원생도 무속인 의지하지 않는다. 강단에서 신도들 향해 삿대질하며, 폭언, 속어 써가며 윽박지르고, 일어서라! 나오라! 해서는 뺨을 때리는 등 공포 분위기 조성은 예사로.

여러분의 인생을 이런 사람에게 의탁하기에는 너무도 아깝고, 너무 귀하다. 단 한 발짝만 떼고 180° 바꿔서 부디, 5분 만이라도 한번 돌이켜 생각해 보시라.

▼ 신옥주의 엉뚱한 종말론 주장 – 속이는 것이다!

하나님께서는 하루가 천년 같고 천년이 하루 같다고 하셨다. 이 말씀을 억지 해석하고 있는 것이다. 하나님은 영원히 존재하시는 분이시기에 시간의 제한을 받지 않으시고, 시간을 주관하시는 분이시기에 하루나 천년이라는 수의 개념에 가둬, 계산하는 착오를 범해서는 안 된다. 시공을 창조하시고, 시공을 주관하시고, 다스리시는 분이시기에 두렵고 떨림으로 섬겨야 할 분이시라는 것이다. 신옥주 씨의 시간 계산은 오산이다. 자의적으로 해석하여 하나님을 경홀히 여기는 우를 범하고 있다. 이런 신옥주 식 계산법은 쓰레기통에나 버려야 할 것이다!

6일동안 하나님의 창조		7일째 재림
구약 4000년 (육체로 오실 예수 그리스도의 예언) 창세기 → 말라기	**신약 2000년** 2일 초림(이방인의 구원) 십자가의 죽음, 부활 성경강림	**다시 예언하라** (계 10:11) 예수 그리스도의 재림

"하나님의 날을 우주적인 7일" (벧후 3:8 천년이 하루같고 하루가 천년같다)

봄절기 (구원의 주)	넉달 농사기간	가을절기 (심판의 주)	
유월절 - 십자가의 죽으심 **무교절** - 무덤에 계심 **초실절** - 부활하심 **오순절** - 성경강림	이방인의 구원	**나팔절** - (민수기 10:8) **속죄일** - **회개**(세마포 준비) **초막절** - **재림**(레 23:23)	혼인잔치 기간

피지로 떠난 동생을 구출하기 위한 누나의 청원문

대통령님!
그리고 국가 기관에 계시는 분들님!
제 동생 좀 살려주십시오!

지금,
곧 바로,
즉시,
'신옥주'를 인터넷에 쳐 보십시오.
'은혜로교회'라는 단어를 입력해 보십시오!

저는 ○○○이며, 56년생입니다.
제 도생 이름은 ○○○이며, 63년생입니다.

제 막냇동생 ○○○는 은혜로교회 신옥주라는 종교를 빙자한 여자에 미혹되어 지난 2015년 7월 21일, 남태평양 피지 섬으로 간 뒤, 지금까지 그 어떤 전화도 받지 못한 채 생사조차 모르고 있습니다.

신옥주는
지금
이단으로 규정되어 있으며, 수많은 가정이 파탄 나고
부모 형제 간 천륜과 혈연의 인연을 모두 말살시키고 있는
악의 축으로
수많은 사람들이 허상을 좇는 군상의 대열에 무리 짓도록
사회적 현상을 양산시키고 있는 여자입니다.

자녀들이 학교에서 자퇴하거나 휴학하고,
가진 재산 처분하여
신옥주 군단의 집단생활과 자진 헌납하는 몰수 상황으로 유인되고 있고, 육체 영생이라는 마귀의 소리에 현혹되어 남태평양 피지 섬으로 집단 이주하는 등
공황상태에 빠져들게 하고 있습니다.

제 막냇동생의 가족 5명이 이곳에 빠져
위와 같은 과정에 놓여 있습니다.

점점 그 세력이 확산 일로에 있으니
심각한 사회 문제를 뛰어 넘어 국가의 명예를 훼손할 위험까지 자처하고 있습니다.

제 주위에는 이 외에도
아내가 집을 나가 1년 동안 과천 은혜로교회 본원으로 이주하여 집단생활을 하고 있고
그 아내는 결혼한 큰 딸까지 끌어들여
갓난아이와 함께 집단생활에 합류하는 등...

그래서 남편은 아내와 이혼 수속 중이고,
큰 딸의 남편인 사위 또한 이혼 소송이 마무리 된 상황에 있습니다.

또 하나의 소리 없는 가정 파괴범의 계획을
착착 진행시키고 있습니다.

졸지에 아내가 아이와 함께 가정을 버린 채
이단 집단에 빠짐으로
또 다시 가정 파탄의 연결고리가 만들어지고 있는
이 심각한 이단교의 현상으로

피폐해진 정신으로 몰입되어
점점 사회성이 마비되어가는
많은 사람들의 군상이 모여 있는 이 집단에 퍼지고 있는 독소를...
이 현상을...

부디 방관하지 마시고, 사태를 면밀히 검토하시어 미혹에 빠진 사람들에게 조금이나마 판별력과 분별력이 자랄 수 있도록, 모두를 일깨우는데 힘을 써주십시오.

이 충격으로 팔순 넘으신 저희 어머님의 건강이 심히 약화된 상태에 있습니다.

위의 사실과 내용은 현재 인터넷을 도배하고 있는 현상임에도
우리 정부 당국은 왜 침묵하고 있는지?
참으로 암담합니다.

제발 도와주십시오!
이러한 사회 현상의 독버섯을 제거해 주시기를 간청드립니다.

결코 종교의 자유를 논하지 마시고,
종교단체 보호(?) 운운... 등은 더더욱 하지 마시고,
우리나라에서 운용되고 있는 모든 매스미디어를 총 동원시켜
이 집단을 대적하여 응징해 주시기를 바랍니다.

이는 내 형제가,
바로 내 이웃이 빠질 수 있는 암흑의 수렁입니다!
이 수렁은 천 길 낭떠러지로 내몰리고
그 순간 남은 시간은 멈춘 채
신옥주의 하수인으로의 생활이 시작되고 있습니다.

많은 재능을 가진,
건강하고 한창 일 할 수 있는 나이의 고급 인력과
가족을 위해 알뜰살뜰 집안 살림을 꾸려나가던 순수한 주부와
부모를 벗어나서는 자력이 없는 순진무구한 어린 아이들이
본인들 스스로의 삶을 망각한 채
신옥주,
한 여자의 소왕국 건립 현장 피지 섬으로 동원되어진 인원이
현재까지 200여명을 넘어섰고,
이 여자의 100억 숫자 놀음으로 산입되어 합산되고 있는,
이 현상을 '종교와 자유가 보장된 나라' 라고 치부하고만 있을 것입니까?

이 가운데에는 속수무책으로 삶을 저당 잡히고,
서로를 감시하고 감시당하고,
서로를 집단으로 폭행하는 타작마당에 동원되는 강요 등.
이 지옥을 벗어나고자 애타게 기다리는 손길이 있건만,
왜? 대한민국은 외딴 섬 피지의 현실을 눈여겨보지 않습니까?

또한 본원 과천 은혜로교회에서는
지금 피지 섬으로 건너가기 위해 수백여 명이 대기 중인 현실이 있음에도
이 실체를 눈 감고만 있을 것입니까?

지금 바로, 대한민국의 살아있는 정부의 힘을 발통해주시기 바랍니다!
그래서 한 사람이라도 더 이상 미혹의 늪에 빠지지 않게 하시고,
머나먼 외딴 섬에 내몰려 갇혀 있는 고단한 영혼들을 구출해주시기 바랍니다.

지금까지 살아온 기반을 송두리째 무너뜨린 신옥주는
또 다시 사회성마저 무기력으로 묶어두기 위한 획책의 일환으로
'회개' 라는 형식을 빌어 개개인의 인격과 명예를 땅바닥에 내동댕이치는 모멸감

을 덧씌우고 있습니다.

건설과 산업 현장에서,
농촌에서 성실한 산업 역군과 농업인으로 있어야 할 바로 내 이웃들이
대한민국 국적이 아닌
신옥주의 소왕국에 소속되어진 구성원이 되어
강제 노동에 착취되는 볼모가 되어 있으니
육체와 영혼까지 팔리면서
육체 영생의 지참금 수 천만 원 갚기 위해
절망의 땅 섬나라 피지에서
절망인 줄도 모르고 절망으로 치닫고 있는 이 현실을 부디 직시하시고
속한 시일 내에 이 집단의 악행을 저지해주시기 바랍니다.